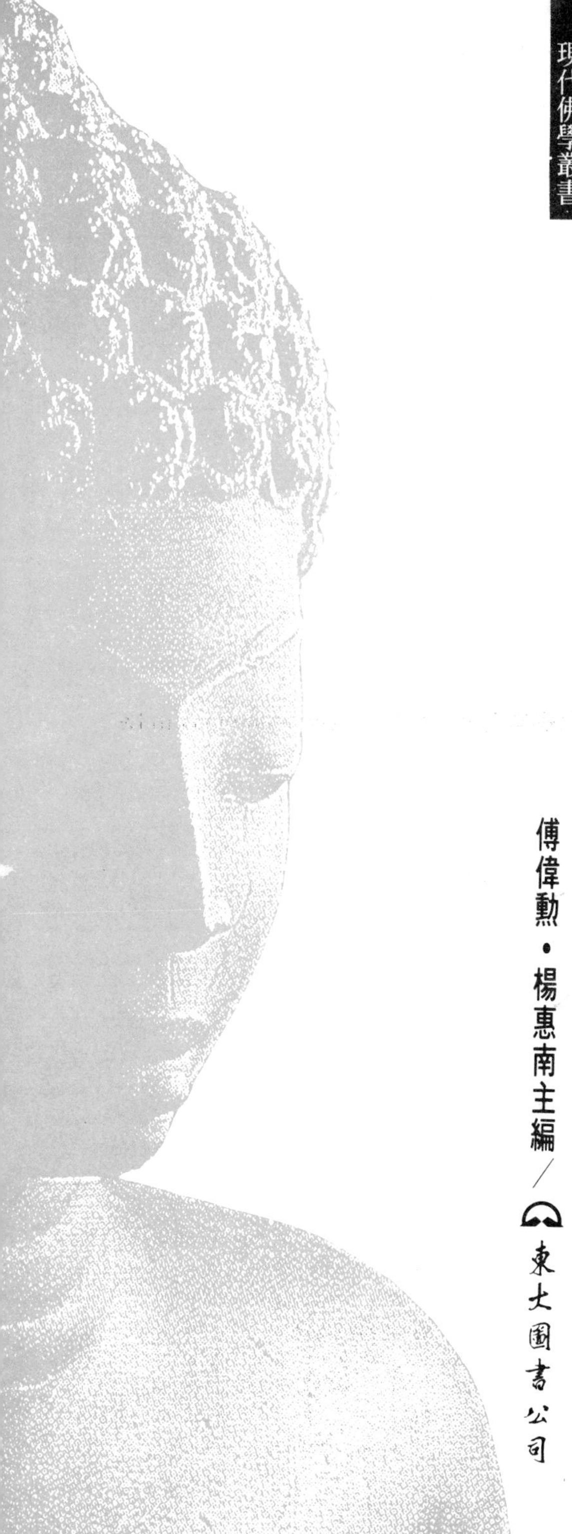

現代佛學叢書

中國末代禪師

陳慧劍 著

傅偉勳・楊惠南主編

東大圖書公司

國家圖書館出版品預行編目資料

中國末代禪師／陳慧劍著. --初版. --
臺北市：東大，民87
面；　公分. --(現代佛學叢書)
參考書目：面
ISBN 957-19-2251-X (精裝)
ISBN 957-19-2252-8 (平裝)

1.釋虛雲-傳記　2.禪宗-傳記

226.69　　87012404

網際網路位址 http://www.sanmin.com.tw

© 中國末代禪師

著作人　陳慧劍
發行人　劉仲文
著作財產權人　東大圖書股份有限公司
臺北市復興北路三八六號
發行所　東大圖書股份有限公司
地　址／臺北市復興北路三八六號
電　話／二五〇〇六六〇〇
郵　撥／〇一〇七一七五──〇號
印刷所　東大圖書股份有限公司
總經銷　三民書局股份有限公司
門市部　復北店／臺北市復興北路三八六號
重南店／臺北市重慶南路一段六十一號
初　版　中華民國八十七年十一月
編　號　E 22057
基本定價　叁元貳角
行政院新聞局登記證局版臺業字第〇一九七號

ISBN 957-19-2252-8 (平裝)

◁中國末代禪宗大師
虛雲老和尚法相

△民國兩位禪宗大師：廣東南華寺虛雲和尚（右）、揚州高旻寺來果和尚

△ 1948年冬，美國女子詹寧絲（左）來華皈依座下，與虛雲老和尚（中）、乞士和尚（右）合影於曲江南華寺

《現代佛學叢書》總序

本叢書因東大圖書公司董事長劉振強先生授意，由偉勳與惠南共同主編，負責策劃、邀稿與審訂。我們的籌劃旨趣，是在現代化佛教啟蒙教育的推進、佛教知識的普及化，以及現代化佛學研究水平的逐步提高。本叢書所收各書，可供一般讀者、佛教信徒、大小寺院、佛教研究所，以及各地學術機構與圖書館兼具可讀性與啟蒙性的基本佛學閱讀材料。

本叢書分為兩大類。第一類包括佛經入門、佛教常識、現代佛教、古今重要佛教人物等項，乃係專為一般讀者與佛教信徒設計的普及性啟蒙用書，內容力求平易而有風趣，並以淺顯通順的現代白話文體表達。第二類較具學術性分量，除一般讀者之外亦可提供各地學術機構或佛教研究所適宜有益的現代式佛學教材。計畫中的第二類用書，包括(1)經論研究或現代譯注，(2)專題、專論、專科研究，(3)佛教語文研究，(4)歷史研究，(5)外國佛學名著譯介，(6)外國佛學研究論著評介，(7)學術會議論文彙編等項，需有長時間逐步進行，配合普及性啟蒙教育的推廣工作。我們衷心盼望，關注現代化佛學研究與中國佛教未來發展的讀者與學者共同支持並協助本叢書的完成。

傅偉勳　楊惠南

中國末代禪師

目　次

《現代佛學叢書》總序

楔　子 ……………………………………1

初論：生為釋子 ……………………………1

二論：棄家苦行 ……………………………11

三論：路遇文吉 ……………………………23

四論：千山萬水 ……………………………41

五論：初破禪關 ……………………………53

六論：終南入定 ……………………………71

七論：曼谷潮音 ……………………………91

八論：興雞足山 ……………………………115

九論：建雲棲寺 ……………………………135

十論：重光祖庭 ……………………………151

十一論：雲門事變 …………………………175

十二論：雲居殘照 …………………………191

十三論：末代傳燈 …………………………213

後　記……………………………………221

楔 子

中國禪宗，從一般史學角度言，應從菩提達摩（？—536）開始，為此宗之初祖。此後傳承者，歷經「二祖慧可、三祖僧燦、四祖道信、五祖弘忍」，一百年後，傳至六祖慧能（638—713），再分為「南北二宗」，北宗神秀，南宗慧能，此後，南宗從慧能傳法，一花五葉，展開中國禪學的黃金時代。如就「禪學思想」言，中國禪法與印度之「禪那」(dhyāna)，有所不同。而初祖達摩面壁，仍在印度禪那規範之內。慧能以後，則以「以心印心、不立文字、教外別傳」之頓悟禪為宗，所謂「念佛一聲，漱口三日」，慧能以後的禪家，是「惡也不著，善也不著；魔也不著，佛也不著」的。從慧能始，三百多年間，中國禪所展現的一花五葉體系，一花是指建立「中國禪」之慧能；然後再由慧能派下所分支的五個重要系統，便是「臨濟義玄（—867）——臨濟宗、洞山良价（807—869）——曹洞宗、溈山靈祐（771—852）——溈仰宗、雲門文偃（864—948）——雲門宗、法眼文益（885—958）——法眼宗」。這五位代表人物所傳承的五個法系，稱為「五花」。

不過，中國禪傳到南宗的永明延壽（904—975），在思想上已經脫離「慧能禪」的軌則，而提出「有禪有淨土，猶如戴角虎」的「禪淨雙融」之號召。到大慧宗杲（1089—1163）的「念佛是誰」，中國之禪，名為「不立文字，教外別傳」，實則已經離不開淨土宗的強大介入。以後到明末憨山德清（1546—1623）這些禪門宗匠，所走的路線，已經無法維持慧能的原貌。

我們從中國禪宗思想史角度看，中國禪的黃金時代，只能從慧能開始，到永明延壽終結；這三百年間，是「中國禪」的本來面目。從永明延壽，經大慧宗杲，到憨山德清，通過有清一代，九百多年，中國禪宗一直在暮色蒼茫中延續其衣缽。這一參究不離念佛的禪門風格，到清末又出現一位禪匠——古巖德清（1840—1959），他依然「禪淨雙融」，「五宗兼宏」。但是他在整個中國禪宗史上，散發出世紀末的光輝。當他的世俗生命結束之日，他在中國佛教面臨毀滅的邊緣，以佛法生滅為己任，來紹隆中國佛教的脈搏。

這一位古巖德清，便是六十一歲以後更名虛雲的民國第一位佛教大師，也是中國最後一位禪師。

我們不是說，中國禪宗史只寫到虛雲和尚為止。我們是說，中國禪宗，從菩提達摩，歷經慧能、延壽、憨山這些帶動中國禪宗史的人物，到虛雲出現於世，這一千三百年間，他是中國禪門最後之光。從西元一九五〇年以後，不管中國大陸，或是海外中國人聚居之地，宏傳禪法者並非無人，只是，真正的禪師，像虛雲這樣禪門大師，已不可求。

虛雲和尚的一生，已有《年譜》及《法彙》為之紀錄，本書則以其一生事跡為經，其一生之重要法務之評斷為緯，來建立中國這一代禪門高僧的景觀。

初論*生為釋子

一八四〇年（清道光二十年）農曆七月二十九日，淩晨四時左右，在福建省的泉州府、府衙官員館第之內，有一戶蕭姓人家，誕生了一個男嬰。不幸的是，這個小孩在沒有脫離他母親子宮之前，便連同「胞衣」一併從媽媽肚子裡滑了出來。從當時的社會習俗來說，這個婦人生的不是嬰兒，而是今天醫學上所謂的「幸帽兒」——一個肉球。一個婦人臨盆卻產下一個肉球，使這戶蕭姓人家不但驚惶失措，也認為是不吉之兆。這嬰兒的父母、家人不僅驚惶萬狀，也悲痛莫名。而孩子的母親，因為是年過四十的高齡產婦，當她看到自己竟然生出一個連皮帶血的肉球時，頓時萌生此後生兒無望之念，心頭痛苦難當；再加上產後出血不止，不到兩小時便氣絕身亡。

婦人死後，這個肉球如果無人能破，那裡面的嬰兒不久一定會悶死。也許，他們家人沒有察覺，這個肉球在掙扎出胎時，已破了幾個肉眼難見的洞，因此空氣得以滲入，所以，當這家人一方面為產婦準備後事，一方面又忙著如何為這個肉球設法破開，試圖救活家中唯一的嬰兒。

到第二天清晨，有一個賣野藥的老頭經過這個官員住的官舍，聽說蕭家生了個肉球，便毛遂自薦，進入蕭家宅第的內室，看了看之後，便用剪刀在火上烤了片刻，然後從胞衣空隙處剪開，首先流出許多「羊水」，再細看手中的嬰兒，面目已經鐵青發黑，他用手在嬰兒胸腹部摩撫了一陣，嬰兒這才吐了一口氣，抽搐地低聲哭了出來。

這個嬰兒奇蹟一般地活了。但是他生而無母。而他父親的二房王氏，便順理成章，以庶母代親娘，撫養他度過童年。

這蕭氏門中的獨子，便是一百年後、中國末代禪師——虛雲和尚。

當年，他出生之時，他的父親蕭玉堂，是來自湖南湘鄉的詩書人家。蕭玉堂的為官紀錄以及他的家庭史料，由於虛雲和尚的幼年時代記憶不清，難以彌補這一段明確的史實，因此，我們只好根據清末社會樣態與政治制度加以推演，來說明他在福建各地官府中的經歷和他們家庭中的人際關係。

蕭玉堂最早的官方紀錄，是來自虛雲和尚自述的《年譜》。

蕭家，是來自南朝梁武帝——蕭衍的後裔。在梁朝滅亡之後，經過「唐宋元明」一千年之久，有一個支脈，經過輾轉流離到楚地湘鄉落地生根。他們的家族，似乎歷代都是詩書門庭。但是到蕭玉堂這一代，他和弟弟蕭蒲堂，卻沒有顯赫功名。在清廷考場中，最可能的是，一個舉人或貢生之類的資格。雖然他們不是進士出身，但是經由清末的「捐官」陋習，依然可以透過「舉貢」這個頭銜與人事關係，得到一種酬庸，而列身於官府。

根據虛雲和尚的回憶，他的父親，在嘉慶二十五年（一八二〇）就到福建做「小」官，那時不過二十出頭罷了。等到虛雲和尚——這個蕭家獨子破胎得救，而蕭玉堂應是四十

一、二歲之譜。在那一時代，中年得子，已是稀有之至。

在當時，蕭玉堂除了有一個元配顏氏，再者或許因為顏氏在婚後多年一直生不下一男半女，所以又娶了個妾侍王氏。偏想不到顏氏到四十出了頭，又偏偏懷了孕，而生下了一個「肉球」，生後自己則因產時驚嚇過度與流血過多而死。

蕭玉堂到福建做官，應從「小吏」開始，二十年後，等到入住泉州府官員宿舍，這時應已晉任到「佐屬」——猶如今天科局長之類主管官員之地位。而且，他的專業——從他的調動頻繁與日後的經歷來看，應該是「財稅」方面的職務。

蕭玉堂於一八四〇年到泉州任官，也就是虛雲和尚出生前一年，則是任職於清初才設置的閩南山區永春州的衙門，調到泉州，則是一八三九年的年底。蕭氏夫婦活了四十出頭還沒有兒女，在那個時代，是令人難堪的。於是他們到處焚香拜廟求神許願，只希求得一個子嗣。於是就在一個夜晚，從夢見「一個長鬍子老頭，頭上安一尊觀音菩薩像，身下又騎著一頭老虎」的幻覺中醒來，從此便懷了孕，把虛雲生了下來。

蕭玉堂在泉州府衙做官到一八四四年（道光二十四年），虛雲和尚已經五歲，又被調到廈門之西、約三十公里的漳州府以同級職務為官。在漳州過了三年（一八四七）， 又被調到閩北的福寧府（今天的霞浦縣）， 到一八五〇年（道光三十年），三度回任泉州。此時他已年過五十，進入老邁之齡。

蕭玉堂一家，從虛雲和尚記憶中查證，他們都是跟著職位流蕩的。這時，在泉州府衙官舍同住的，除了蕭玉堂、繼配王氏、幼年的虛雲和尚（蕭□國），還有蕭玉堂的母親周氏也還健在，那時年齡已經七十歲。至於蕭玉堂的父親，想已早逝。但蕭氏家族在福建做官，可能從蕭玉堂的父親已經開始，到蕭玉堂已經是第二代。而且，除了蕭玉堂一家人，在閩東沿海從南到北各地州府官署之內活動，還有湖南一帶鄉親，也在閩地發展。他們在異地鄉友之間，經常互通往來。

西元一八五〇年十二月，洪秀全（1814—1864）宣布建立「太平天國」，一八五三年二月佔領南京，僭稱「天王」。曾國藩（1811—1872）於一八五四年正式成軍聲討洪秀全。此時閩南倒成了清廷征討太平天國的後方。曾國藩與蕭玉堂都是湘鄉人士，也許蕭家之為官閩南，與當時的風氣有關。

當西元一八五〇年，蕭家再回泉州之時，虛雲和尚當年十一歲，他在私塾中讀書已經五年。因為那一時代「傳宗接代」的觀念非常嚴重，由於蕭家第二代玉堂與他先父侍妾所生、英年早逝的兒子，兩房都沒有子嗣，現在只有虛雲和尚這個「名未見經傳」的單傳獨子，而年過五十的蕭玉堂之弟蕭蒲堂雖有兒子，畢竟不能兼祧三房，於是，便由年高七十歲的老奶奶決定，由虛雲兼祧玉堂與繼叔兩房的香火，並為他同時訂了兩門親事。女方一個是田家的女兒，一個是譚家的千金；這兩個女孩，也是在閩南服官的湖南湘鄉人後裔，他們與蕭家本是世交。而這一年十一月，蕭玉堂母親周氏，也隨之在泉州辭世。按當時的官制，蕭玉堂因母喪必須遵制丁憂在家服喪三年，於是藉丁憂之便，蕭玉堂便於一八五一年二月，攜帶著十二歲的獨子虛雲，經由廈門，從海上乘船到臺灣考察「關務」。

這對蕭家父子，乘的是早期洋船，從廈門出港後，天近黃昏，在茫茫無際的海上，數十公尺的水面，發現一個龐然大物，浮出海面，形同山丘一般，全船乘客在驚惶失色之下，拼命地合掌，高聲念「觀世音菩薩」，過了半個小時，這一龐大的鯨魚，才消失在海浪之中。他們在餘悸猶存之下，於次日抵達高雄港上岸，蕭玉堂則以官員的身份，訪問了港務當局，並且在南部地區，略事遊覽，過了十多天，再乘船經由廈門，返回泉州。

到一八五二年春天，虛雲隨著父親護送祖母周氏靈柩，從陸路跋涉，回到故園湖南湘鄉，擇日安葬。在安葬前後，又請了本地僧眾放燄口超渡；十三歲的虛雲，第一次見到頭戴毘盧帽的主壇法師，低聲吟唱梵音，引磬聲隨伴著木魚悠然長鳴，在初夜的法事進行中，虛雲彷彿突然跌入了往事的記憶之中，當經過多日的誦經、梵唄、念佛的莊嚴法會裡，他心靈中充滿著無限的歡欣。因為他的家中，也藏有一些民間流傳的佛書，藉便偷閒默誌於心。

當這一年八月，他跟著落籍故鄉的叔父蕭蒲堂，到衡山祝聖寺進香，在南嶽走遍了大大小小的佛寺，拜遍了每一座寺剎的佛菩薩像和一些比丘僧；這個年僅十三歲的蕭家小孩，彷彿「神遊太虛」，不再想回家了。他的小小心靈裡，竟然萌生了出家的想法，但是不敢向叔叔開口。蕭蒲堂對兒輩很嚴厲，動輒痛罵一頓。因此，虛雲暫時只有把他的幻想忍在心裡，留待他日再一還己願。

在這個時候，由於他對「出家的念頭」入迷，而被他的父親看出來了。在那個時代，有許多人是「佛道不分、神佛也混淆」的，蕭玉堂雖然做過二十多年的胥吏，但他對佛教還是弄不清楚，為了要疏導虛雲的幻想，避免日後這個孩子真的去當和尚、道士，便找一個「先天教」的地方教士，在家裡教虛雲看許多「長生不老」的道書和武術上的氣功。他以為這樣一來，虛雲就不會出家了。他卻沒有想到，虛雲對那些「練精化氣、練氣化神」的長生不死、白日飛昇這些俗不可耐的神話，不屑一顧。而虛雲對著父親的面，又不敢講出來。

過了一年，到一八五三年(清咸豐三年)的仲冬十一月，蕭玉堂「丁憂」日期屆滿，再度服官，這次是被分配到廈門海關供職。他將兒子虛雲，交代弟弟蒲堂管教，自己逕自到廈門上任去了。

虛雲在叔父的管教下，在湖南湘鄉老家又啃了三年線裝書。到一八五五年(咸豐五年)，蕭玉堂在廈門任職兩年之後，三度被調任泉州，這是最後一次在泉州出任稅務主管職務。虛雲在家中除了遍讀中國經史，也對黃老之說做較深入的認識與探討，他覺得這種「肉身不死」完全出於人類貪戀生命、懼怕死亡的幻想，與佛家的「生命無常、四諦十二因緣」❶

❶ 四諦十二因緣：所謂「四諦」：就是四項真理。四諦是原始佛教理論的基本支柱。佛家認為人從出生到成佛，經過了解人生到實踐佛道，有四大真理標示：一、苦諦：人生是「苦」。佛典有「三苦、八苦、苦苦、壞苦……」等多種苦目。苦，是人生一項確定不移的真諦。為了滅苦，就要反省「苦」的本原何在？二、集諦：苦，是來自眾生無始以來累積的貪瞋痴等煩惱及善惡之業的塑造；此種煩惱業力，能「集」成三界六道的苦報。要正本清源，就要消滅這些煩惱業力。三、滅諦：為了斷苦、知苦的藪源，便

要修涅槃道、滅煩惱業、而出離生死之苦，以求悟「寂滅」。四、道諦：道，指「八正道」。要修八正道，才能斷滅一切苦，而入於「涅槃」之樂。以上簡釋「四諦」如是。所謂「十二因緣」:梵語是dvādasāiga pratiyasamutpāda，也譯作「十二緣起」。這十二因緣是支配有情生命連續的軌道，茲分述如次：一、無明：梵語avidya，音譯作阿尾儞也。義為「對一切事理不明瞭」、「心地闇鈍」，故稱無明。它是「痴」的別名。它會牽引你的神識跟著它走。它是過去積習、煩惱的總和。二、行：梵語samskāra，它是承受過去無數積習煩惱（無明）的慣力為指導，而去造作的一切善惡行為。三、識：梵語vijñāner，它是承受了過去多生多世的業力，而投入今世受胎的一念，也可以說那是「靈犀一點」。四、名色：梵語nāmarūpa，是指在母胎中的形體與意識，已逐漸發展成形、有靈有肉；有了一種稱之為「名」（假名）「色」（形體）的東西。五、六處（六入）：梵語saḍāyatana。六處也就是六根。此時人的形狀已完全具備，已不像有一條尾巴的魚了。六、觸：梵語 sparśa；嬰兒出胎後，到三歲左右，仍不知人間苦樂，只憑外界刺激而加以反應。七、受：梵語 vedaṇā，人到六七歲以後，對所有遭遇，已漸有苦樂取捨的感受；領納的意識加強。八、愛：梵語tṛṣna，人之童年期至尾聲，十四五歲時，已進入青春期，一切喜怒哀樂愛惡，都已有強烈的企求與貪戀。九、取：梵語upādāna，成年以後，貪、瞋、痴等一切人生的煩惱，對境呈現，其感受之銳敏、佔有之強烈，沓至紛來。十、有：梵語 bhava，在生命過程中，由於造作種種業，乃招致未來應有的果報，「有」本身便是「業」。十一、生：梵語 jāti，根據現在造作的業，決定了來生投胎的趣向。十二、老死：梵語 jarāmaraṇa，生之後，循環再轉，回到老死的界位。這十二因緣，是這樣轉的。無明緣行→行緣識→識緣名色→名色緣六入→六入緣觸→觸緣受→受緣之高深義理背道而馳。事實上，黃老之說從西漢開始發軔到當代，所謂「辟穀成仙」，沒有一個實例可求。此一神話只可騙一騙愚夫愚婦，作「望梅止渴」之計罷了。

十七歲的虛雲，由於「夙慧」天成，他透過理性的思考與生命疑難的剖析，覺得只有佛法才能解決人生諸多問題，因此對於道教羽化成仙這類書籍，雖然在湘鄉家中這三四年也翻過不少，實在是食之無味，感覺得面對長輩對他的防範，令他不能忍耐。

在表面上他仍舊言聽計從，參與家庭事務，彷彿要為蕭氏家族傳宗接代的模樣。但有一天，他叔父因事離家外出數日。在這一時刻，他警覺到機不可失，便稍事整理，帶著隨身用品，從湘鄉徒步向南嶽方向疾走，可是因為他路途不熟，沿著丘陵地的小徑，東尋西找，在距離湘鄉不到一百華里的衡山北麓一個村莊附近，便被他叔叔派人攔住帶回老家，除了被大罵一頓，禁止他隨便外出，過了幾天，又派人將他和堂弟富國一併送到福建泉州，由他父親蕭玉堂管教。蕭玉堂

愛→愛緣取→取緣有→有緣生→生緣老死──無明……。十二因緣，並可區分三層次：a.無明、行：為過去世惑業的因；b.識、名色、六入、觸、受：為過去惑業引出的因，而招來的當下之果；以上兩層為「過去、現在」產生的「一重因果」。c.愛、取：為現在所造的惑業。現在的惑業，是招致未來「生、老死」的因，而未來世的「生、老死」是果。──這是「現在、未來」的一重因果。十二因緣法，門門此生彼生，相倚相成。這兩重因果推展下去，便造成無窮的「輪迴」。以上可詳參《俱舍論九》及有關佛家基礎典籍。

從他弟弟信中知悉虛雲為了要出家為僧而逃家，過了不久，乾脆派人到湖南將已與虛雲訂過婚約的田、譚兩家的女兒也接到泉州府寓，並且迅速舉行婚禮，以便讓他這個大逆不道的兒子，在「木已成舟」之下，斷了棄俗的念頭，好好做一個蕭家嗣子。蕭玉堂利用在泉州的官場形勢，限制虛雲的行動。虛雲迫於父命，與田、譚兩家的千金，一面同居一室，一面為她們解說佛理。「夫妻只是萍水之緣，是前世因果的染緣；即使生兒育女、榮華富貴，也解決不了生之煩惱。男女間的愛欲，只是觸覺上的短暫之樂，而不是超越世間苦的法樂。何況，夫妻終有一天會永別，在世間能真正相濡以沫的夫婦，實在是鳳毛麟角。世人與其貪戀一時之歡，為何不能珍惜那永恆的法城之親？……」

虛雲在枕席間也會放下身體上的熱度，用佛家的妙義，說得兩個女子傾心地輸誠相待，而一塵不染。也因此，他們在一起兩年，還是淨侶，沒有兒女之愛。

另一方面，在暗中他與堂弟富國（蒲堂長子）談經論道。富國的性靈中也充滿著棄俗為僧的出塵之志。

這一家人，除了蕭玉堂這個年屆六十的老人之外，這幾個年輕人卻都成了虛雲法螺的佛弟子了。可是這種情況蕭玉堂並不知道。

到一八五八年，虛雲已經十九歲，堂弟富國也十八歲了。他們兩個暗中策劃，想瞞過老父到福州鼓山湧泉寺出家。虛雲兩兄弟將去福州的路程打聽清楚之後，在一個深秋之夜，與田、譚二位妻子懇談他要決心出家的動機與即將付諸行動，請兩位「法侶」無論如何要護持他，為他保密，讓他順利地出家。而田、譚二氏，在悲戀的情懷之下，知道阻止虛雲離家也於事無補，因此黯然默認他之出走。

在夜裡兩點多鐘，他們摸黑逃出泉州，沿著陸路北上，五天之後，到達福州東郊的古寺湧泉，他們在這裡受到寺中常開老和尚的剃度，成為出家的沙彌。

這個時候，他的父親蕭玉堂發現自己的兒子與侄兒逃家了，責問兩個媳婦也無言以對，便派人四出到處查訪搜索，但是如石沈大海，永無消息。

虛雲在此時，寫下了他第一首〈皮袋歌〉：

> 皮袋歌，歌皮袋，空劫之前難名狀，威音過後成罣礙；
> 三百六十筋連體，八萬四千毛孔在；分三才，合四大，
> 撐天拄地何氣概。
> 知因果，辨時代，鑑古通今猶蒙昧，只因迷著幻形態；
> 累父母，戀妻子，空逞無明留孽債。……。

〈皮袋歌〉之「皮袋」就是比喻眾生的血肉之身。這首歌共分三節，一百九十五句，內容以歌詠形式，敘述「人身難得，佛法難聞」， 要放下世間一切身外之物，去上求佛家的真理！

二論*棄家苦行

虛雲在鼓山湧泉寺出家，他的法號由常開老和尚，命為「古巖，字德清」，但在「古巖」之外，又自號「演徹」。

到第二年，也就是一八五九年春天，同樣在湧泉寺的戒壇，受「比丘戒」，此時才正式算是一個「和尚」。他的堂弟富國同他一樣，在受戒後，成了比丘僧。他們的「得戒和尚」，便是當時湧泉寺的方丈妙蓮和尚（1824—1907）❶。

由於虛雲的父親，依然沒有放棄尋找他們的念頭，當他們躲躲藏藏，在受戒後，他的堂弟富國，便告別鼓山湧泉寺的「親教師」與堂哥虛雲，獨自到大江南北名山古剎參訪「善知識」去了，從此永無音訊，不知蹤影。而他自己，為躲避父親的耳目，也獨自離開湧泉寺，跑到後山一個岩洞裡，一面打坐、拜佛、誦經，同時過著最原始的人類生活，整天與

---

❶ 妙蓮和尚：福建莆田人，一八二四年（清道光四年）七月十二日生，二十一歲出家，一八八三年（光緒九年）出任福州鼓山湧泉寺方丈，為鼓山第一二六代傳人，一九〇二年（光緒二十八年）赴南洋（馬來亞檳城）宏化，建極樂寺。一九〇六年回國，一九〇七年七月十二日圓寂於福建寧德龜山寺。享年八十四歲。惟其生卒月份、時間，各家說法不一。其生平概略如是。見陳錫璋編《福州鼓山歷代住持傳略》頁424—426。

野獸為伍，而怡然自得。

他在鼓山後側山巒間的石洞裡獨自修行，飲的是山泉，吃的是山果，與世隔絕，完全如同野人，一頭零亂的長髮、滿面參差不齊的鬍鬚；除了一雙眼睛神光四射，則是赤足蔽衣，面目猙獰，猶如鬼魅。就這樣，在深山裡度過三年，並且身強體健，行步如飛，直到有一天，湧泉寺一個小和尚找到山裡來，告訴他：泉州的蕭玉堂老爺，已告老還鄉，回湖南去了。他不必再躲在山裡自求多福啦。並且回寺後，可以為寺中擔任個「水頭、飯頭、園頭」的工作什麼的。因此，他便整理一下，便跟著回到原出家的湧泉寺，正式幹起寺中的苦活來了。

在湧泉寺，過著一面做苦工、一面修行的歲月，到一八六四年（清同治三年）的十二月，聽說父親蕭玉堂在老家死了。年齡大約不到七十歲。從此，他不再把家事放在心上，而且，此後一生，與故鄉斷絕音書。

過了兩年，也就是一八六六年，他這年是二十七歲，出家已經八年了，在修行上還沒有見著過光影，雖然也每天苦行、拜懺、打坐，依然故我。有一天，從湖南湘鄉來了個人，到湧泉寺來朝山拜佛，無意中與他談起，蕭玉堂死後，他的繼配王氏，偕同媳婦田氏、譚氏，在縣境內之觀音山一尼庵中出家為尼了。等到四十三年之後，譚氏（出家後）投信到鼓山致虛雲和尚，她們的法號，依次是妙淨（庶母王氏）、真潔（田氏、俗名鵝英）、清節（譚氏）。庶母王氏出家後於一九〇九年（宣統元年）十二月八日往生，而田氏則先於一八七〇年（同治九年）早逝。

蕭玉堂一家，到一八六六年為止，事實上全家已沒有一人留守故鄉，而他的親弟蒲堂，遺有三子，除富國棄俗不知訊息，尚有榮國、華國二子承先啟後。其中華國之子，則填補了虛雲那一房，傳宗接代。

此時虛雲和尚在鼓山湧泉寺，已任職四年，從挑水、種菜、送飯，到打掃環境，無役不興。就是沒有做過「知客、副寺」這類較高級職務。

在寺中，偶然也為施主們念念經、拜拜懺，寺中分一些「䞋錢」（為施主念經的所得）也被他拒絕。每天他只吃一大碗粥，但體力卻異於常人。

在這個階段，鼓山後面群山僻處，也住了一位「古月禪師」，他同樣是「苦行第一」。虛雲偶而與這位老禪和子❷覿面談心問道，就不免反省到，自己在寺中任職多年，修行時間被佔去不少，所以，他想到當年唐三藏在到西竺取經之前十年間，先學各地方言；又試練每天走一百里路，來鍛鍊體力，復以試驗絕食，渴飲生水，從一天到三天、五天……來準備迎戰斷絕水草的荒涼大漠。唐玄奘可以這樣磨練自己，準備為佛法犧牲自己，我虛雲生在一千年後，怎麼不可以效法？於是，虛雲向寺中老師父報告，辭去了固定的職務，同時又散盡了衣物，只帶著一件圓領僧衣，穿一條褲子、一雙僧鞋、披上一件防雨的簑衣，帶一個拜佛的「蒲團」，又潛入後山的岩洞，作第二度活埋。在洞中的生活，亦復如往前一樣。

---

❷ 禪和子：是長年參禪的出家人之俗稱。意謂在禪門搞和得很久的老修行。

像這樣把修行與生活結合為一片，又是三年，他年已三十歲。老實說，住在這種把自己當芻狗的山野，說起來容易，做起來是艱苦萬分。他在山中幾乎從無熟食可吃，凡是人吃的東西他都無分。當此時，一身野獸狀，柴夫獵戶，一見以為遇到妖魔猛獸，便落荒而逃。至於與同是鄉村之民相遇寒暄一下，更是絕無僅有。他在此時與最初來時不同之處，便是一頭亂髮上，用一個銅製的圈子，把長髮束起來。

在這三年中，最初也偶然浮現「法喜」，或者眼前呈現佛光，而這些境界，也只是專誠意念所反射的現象，不足大驚小怪。他依然是一面念佛，一面「觀法無我、觀身不淨、觀受是苦」。他人在深山荒嶺之間，無畏蚊蟲猛獸之侵害，更不受人間的垂憐，不食人間煙火，頭頂蒼天，席鋪大地，天地間，只有個「我」在，而這個「我」也充滿於宇宙之間，他自認當下已是「四禪」❸的天人之境。此時天地間的一切，

---

❸ 四禪：原始佛教中，修行的境界，分為八個層次，即「四禪八定」。四禪，即：初禪——離棄一切欲念、不善行為，但在「法」上還有猶豫不決、難以肯定的心理，平日的感官對外界的反應，已沒有大喜大樂之突發狀況。——此時之定境，已達「初禪」。二禪——對「法」的觀察、反應，已無猶豫不決的心理，內心清淨，妄心不起，在定中有「法喜」之樂，稱為「二禪」。三禪——已沒有遇高興事產生歡喜心，因此心能住於一境，此時只有正念，也有正確知見，也有「生」之樂感。此是「三禪」。四禪——修定至此，「苦與樂」均已消失。「憂喜」也不存在，因此生命中既沒有苦也無樂，因能捨去一切感受，心靈清淨，到此具備「四禪」境界。至於「八定」，即「四禪」之外，另加「空無邊處、識無

對他已無罣念。在山林裡，隨心所欲，與萬物為友，衣食住行，皆無所求，匆匆又是一年。

一八七〇年，他三十一歲，徜徉窮山峻嶺之間，向北跋涉，走了十多天，在浙江溫州的一座山巒之中，找到了一堵巖洞，棲息下來，還是照常「打坐、念佛、觀照自性」。時間對他已全無意義。此時是何時，也了然無痕。

有一天，突然來個看似禪匠的和尚出現岩洞前，面對他，傾身下拜，然後問道：

「很久就聽到您修苦行的大名了，現在我特地來請您指教，破除我的愚昧！」

這個和尚看起來有點深藏不露的樣子，竟然請求虛雲為他開導一番，這時虛雲被他一問，頓時湧出一片茫然；便慌張地說：「很慚愧！我既無德也無學，更沒有參出過眉目來，我只是盲修瞎練；真——真是對不起，還請您慈悲指引一下吧！」

那和尚說：「你問我，我也沒有真參實證，不能跟你開示什麼；不過，我可以告訴你一條路。你到天台山、華頂龍泉庵，去找融鏡老和尚，他是天台宗大師，他能接見你，必然會使你受益不淺！」

說了之後，這和尚牽動一下長衫，拍拍灰塵，便從山間小徑走了。

虛雲這時感覺這中年和尚講得很有道理，不然他怎麼知道有一個融鏡老和尚住在天台山呢？

於是他馬上收拾一下隨身之物，離開岩洞，北上天台縣，

邊處、無所有處、非想非非想」四個層次，合稱「四禪八定」。

又走了七八天，到了天台縣城，出了北門，走了五六里路，從國清寺傍一條石級，爬上華頂，看到一座小寺院，是茅草蓋成。他看到小寺門口，站著一個和尚，便屈身啟問：「融鏡老法師在嗎?」

「喏，那邊——補衣服的老人就是!」

這年輕僧人抬手指一下寺門右側十多公尺處、一個小凳子上，坐著的那個老僧。

「噢!」虛雲向年輕僧人合掌道謝一下，便直驅老和尚前面，首先俯身伏地恭敬地頂禮三拜，然後才輕輕地起身站在一側。誰知這老和尚不知是老眼昏花，還是耳朵不靈，竟然頭也沒抬一下，照樣補他的破衲子。

「老人家！我特地從溫州來親近您，是不是能請您慈悲弟子的無知，為弟子開示一二?」

這時，老和尚才緩緩地抬起頭，摘下老花眼鏡，放下針線，凝視虛雲一刻，說道：「——你是和尚? 是道士? 還是山林間的樵夫?」

經老和尚這一問，再看看自己一身僧不僧道不道像野人的樣子，頭上長髮用銅圈子箍著，頭頂上豎著個馬尾巴似的辮子，赤足草鞋，身揹破包，不禁自己也楞怔起來。

只好囁嚅地回道：「我是和尚。」

「你受過戒嗎?」老和尚問。

「已受過比丘戒。」

「那你這一身形同叫化子的苦行模樣，有多久了?」

「嗯……」虛雲頓了一下，不知所措地回憶說：「從十九歲就開始，在鼓山湧泉寺後面深山裡日食松葉山菓，打坐拜佛念經，算來已經十一年多了。」

「是誰教你這樣修法?」

「是、是看古書，才見到古時有很多佛門出家人，在深山修苦行、成就道業，我才離寺入山修苦行的!」

老和尚瞪了他一眼，反問他：

「你知道古人以苦行修身，還知道古人也息念修心嗎?看你這樣子，和你的觀念，根本不是佛門中人，你的行徑可以說與古印度那些苦行外道差不多，這不是正路啊！這十多年你是白過了。老實說，你即使在深山穴居飲泉水、吃松子，活上一萬歲，最多也不過像《楞嚴經》上講的『十種仙』❹當中的一種，落得個壽命比俗人長若干年，可是離開真正『了生死、斷煩惱』的佛道，還遠得很。再說，你就算再跨一步，能修得『初果』——斷三界見惑❺，也不過是個自了漢而已，

---

❹ 十種仙：即《楞嚴經》卷八所謂「地行仙、飛行仙、遊行仙、空行仙、天行仙、通行仙、道行仙、照行仙、精行仙、絕行仙」。這十種仙，綜合地說來，就如中國道教修練「長生不老」之術的全程。例如：「吃松子、草葉、身輕如燕、服『丹砂』、長壽、精氣神充沛、得日月精華、知生死、採陰補陽、最後槁木死灰，能得五通之術……」這種修法與成就，都解決不了「生死輪迴與煩惱」，也不能自度度人，行救渡眾生之道。

❺ 初果、三界：果，是「成果」，即佛家在自度度人兩方面所獲得的果位。以修「阿羅漢」道言，共分「四果」。即「初、二、三、四」果，梵文原典，稱之為「須陀含、斯陀洹、阿那含、阿羅漢」四級。「初果」的境界，是此人已斷「見惑」，即「五種不正確的思想」。如「我見、邪見、邊見、見取見、戒禁取見」，另斷「思

與救渡眾生無補。你要知道，一個修菩薩道的人發心學佛，上求佛道，下化眾生，不但自度，還要度人；因為『出世間本來就離不開世間』，換句話，學佛之人，本來就不可與世間一切脫節。你過去強迫自己深山獨修，脫離人群，弄到每天吃幾粒松子，喝兩口泉水，披頭散髮，衣衫襤褸到褲子都不穿，那未免標奇立異，驚世駭俗，弄得個人不像人、鬼不像鬼，走道士長生不老的路子，除了叫人看起來彷彿墳墓中人再生，又何必自我責問：為什麼一個道的影子也看不見呢?」

虛雲被老和尚一頓臭罵，細想在山中十年，實在甚麼也沒有得到，而今在真人面前，自己羞愧得無地自容，便撲通再度跪下來向老和尚頂禮，請求指給他一條明路。

老和尚說：「我告訴你，你要聽我的話，就在這裡住；如果不聽，你走你的路!」

虛雲說：「我特地從幾百里之外來親近您老，那有不聽之理?」

老和尚說：「既然如此，你就到裡面雲水寮裡面去，換上出家人的衣履袈裟，把頭髮鬍子剔掉，再把自己周身洗乾淨，然後在這裡分擔一部份常住的勞務，就這樣了。」虛雲此時受命於老和尚，恰巧又恢復剛出家時在鼓山湧泉寺所分擔的工作。而這個小佛寺比之鼓山湧泉寺的規模，自是天壤之別。這裡的出家人一共不到十個。

惑」九分之一。即「貪、瞋、痴」這三毒的九分之一。修行人到此境地，其果位，稱為「初果」。如證「初果」，即入「不退轉位」。換句話說，一個人證入初果，即入輪迴轉世，今生的修行成果也不會喪失或退步。仍會保有前生之果。初果非常重要。

虛雲在一兩天之內，遵照老和尚之命，重新穿上比丘的僧衣，頭面一新，彷彿在人間又再生一番。老和尚又教他參「拖屍鬼是誰」的話頭。

從此，他飲茶食飯，再從老和尚研究天台智者大師的《法華玄義》、《摩訶止觀》這些重要論典，平日則為寺中挑水砍柴煮飯，凡寺中之事，無役不興。

由於他為人實在，而且能重新做人，回歸佛道，因此也就受到老和尚的勉勵。

融鏡老和尚已經八十多歲，平日戒律精嚴，廣知博聞，不僅遍覽佛家重要經論，也深入禪宗。虛雲在龍泉庵，親近老和尚有一年多，在一面讀經、一面參本來面目之際，也就時有新的境界呈現。老和尚命他多多參與法師的講席，去吸收別人的經驗，以便日後到中國南北各地參訪高僧大德，就像《華嚴經》〈入法界品〉裡的善財童子，去遍訪善知識。

一八七二年，他三十三歲，老和尚命他去本山「國清寺」學習禪門儀規，再去「方廣寺」研究「法華」。像這樣，度過了三年的研讀經論與定時參「拖屍鬼是誰」的修道生活。

西元一八七五年，他三十六歲，在高明寺另一位天台專家敏曦法師講《法華經》結束，便準備雲遊天下，走遍名山古剎，去效法善財童子作五十三參之旅了。

他在這一階段，除了在國清、方廣、高明——天台山麓諸寺受教於諸多名流，偶而也會回到華頂龍泉庵陪一陪他真正的啟蒙人——融鏡老和尚。他之正式學禪，以及日後成為中國末代禪宗大師，融鏡老和尚可謂慧眼獨具。

他既然立願去「參方」，便再度回到華頂，拜見融鏡老和尚，把自己的心意向老和尚傾訴一番。並有〈天台華頂茅廬久雨伴融鏡法師夜坐〉五律一首為紀：

> 苦雨積薪微，寒燈夜不輝；濕雲霾石室，疏蘚掩柴扉；
> 溪水湍無厭，人言聽更稀；安心何所計，趺坐覆禪衣。

他與老和尚相處五年，師弟情深，在告別前相聚數日，然後珍重拜別，下了天台山，北上走了兩天，先到奉化雪竇寺，再到岳林寺，聽了一部《彌陀經》，然後向東北走，到鎮海登船，一天一夜，到普陀山，在後山普濟寺度過他這一年的除夕。

在普陀山住了近一年，走遍全山每一座大小寺院庵堂，聽了無數次講經說法，請教了天涯海角各地來的法師。他在普陀山住到初冬，遇到兩大奇蹟：一是當一次海水漲潮時，在千步沙，看到一條數十丈長的大魚（應是虎頭鯨）被沖上沙岸，走不了。但被當地漁人發現，結果把這條巨鯨破開，丟棄魚腹中挖出的許多骨頭、木棒衣物；然後將鯨肉瓜分而去。另一是大潮時，在潮陽洞看到被潮水湧來一隻彷彿像「龍」的四條腿動物，應該是巨型鱷魚吧！這隻怪物在洞裡「見尾不見首」，游了一個多鐘點之後，消失在潮水裡。

虛雲在普陀山過了年，再渡海回到寧波，住在阿育王寺，阿育王寺有「釋迦舍利」建塔供養已達千年之久，他為了報答父母養育之恩，在這裡盤桓多日，再轉赴天童寺，聽寺內法師講《楞嚴宗通》。

他在寧波住了一年，於一八七七年初夏，從寧波北上杭州，朝拜西湖周遭各處佛教名剎，包括「靈隱、玉泉、虎跑、海潮、常寂光、上中下天竺、淨慈寺」等歷史古道場，同時禮謁半山寺高僧天朗和尚，最後到西天目山一個寺院裡過冬。

當他從寧波坐船到杭州五六天水程中，因為船小人多，男女雜處，夜晚不分男女老幼，全都擁在甲板上，因此難免有些年輕的男女在午夜之後，被褥相連而引起淫念，虛雲身邊也有女子相連依偎，而當時他也只有三十八歲，在這種情況下，在更深睡熟之際，被鄰人弄醒，自己在嚴律身心的驚覺之時，便起身靜坐，默持大悲咒來匡正自己的心靈，使之不失正念。此後他如遇此種情況，無不兢兢自惕，嚴守淨戒。

他在杭州度過一八七八年夏，由杭州北上，到江蘇常州，掛單於名剎天寧寺，親近清光和尚，並且在寺中作雲水僧，到一八七九年（光緒五年），他再北去鎮江，到焦山定慧寺，參訪方丈大水和尚，當時清末名將彭玉麟身任水師都督（海軍總司令）率軍駐守在焦山。彭玉麟因偶與寺中僧眾寒暄，因此與虛雲討論數次佛理與修行之方法，對虛雲之堅苦卓絕，與佛家義理之透徹，深表敬仰，由此也就對佛法種下了信仰的根苗，而成為護法。

一八八〇年，虛雲四十一歲，他再移錫金山江天寺，親近當時禪宗大德觀心和尚與新林寺大定和尚。他在這座歷史上的禪宗叢林每日禪修，過了殘冬，再渡江到揚州名剎高旻寺，拜見朗輝禪匠，在高旻掛單一年，苦心參究，禪功大進。高旻、金山，都是歷史上的禪風最盛之道場，他在金、焦二山與高旻苦修三年。

論參究見地，此時已近破曉時分，如真正地勘破初關，還沒有踏入「黑妖狐被捉」的天日。

這是他從三十一歲秋天，在天台華頂，從融鏡老和尚學禪，十二年間的各地參訪、苦心想打破這個色殼以來，已經面臨氣球即將爆破的邊緣。

這十餘年苦修，當非枉然！

三論*路遇文吉

西元一八八二年，四十三歲的虛雲，逃家做和尚已經二十四個年頭，與故園親人完全斷絕音訊，有時午夜捫心，也深感「道業無成，親恩未報」，實在是愧為人子，也愧為沙門。

他為了要一報「父兮生我，母兮育我」之劬勞深恩，總想為父母做一點事情。因為自古迄今，佛教便有「朝山」的苦行，他願以這一項虔誠、心願，為「父母親」迴向❶，能早脫苦海，往生到西方安養世界，能了脫生老病死之苦。他想到這裡，便發一願，以三年時間，從浙江普陀山起步——三步一拜，直拜到山西五台山、文殊菩薩道場。他擬定腹案，便在這一年春末三月，再度前往舟山群島中的普陀山。他到普陀之後，先在後山普濟寺息心修行三個多月，在定中也充滿法喜，於是，從農曆七月一日起步，朝拜五台山。

第一天，他從山下的法華庵起香，開始三步一大拜。此時另有四個同修，陪他一同朝山，這四個人，是「偏真、秋凝、山遐、覺乘」四位青年比丘。他們朝山的規則是，沿著陸路三步一拜，中途遇到水路，像海洋、河流，便乘船過水，登陸再拜，一天大約可以拜個十公里。他們從法華庵拜了幾

❶ 迴向：梵語pariṇāma之意譯。義為「迴轉趣向」。就是說「把自己所做的一切善行、善念的功德、成果轉贈給其他眾生或個人。」

百拜，到港口登船，渡海到浙江鎮海，然後沿著杭州灣南端弧線這條（今天滬杭甬鐵路）尚未完成的舊道，從鎮海，經慈谿、餘姚、上虞（百官）、紹興、蕭山、杭州，再向正北方，由德清到吳興（當時的湖州）。他們在江蘇太湖南岸的湖州休息了幾天，再沿太湖西岸，經長興，進入江蘇境向東北方拜，途經吳江，再到蘇州，朝拜虎邱山「生公說法處」與蘇州西郊的寒山寺。

當他們三步一拜，拜到十月中旬，那四個陪拜的同道，已經拜得人仰馬翻、皮破血流，整天汗流浹背、幾致寸步難行之地。過了不久，他們經由蘇州，北上拜到八十公里之外的常州，那四個人撐不下去了，就在常州天寧寺門前與他告別，脫離朝山的隊伍，另覓歸途。

虛雲自年輕出家時，便極少生病，出家後在深山岩洞苦修十年以上，倒也鍛鍊得一身銅筋鐵骨，風雨無懼，百病不侵。他此時只孤家寡人一個，清晨四時起香，向北經過二十多天，拜到南京下關，他在南京先行朝拜唐代禪宗大師牛頭法融的塔院，再渡江到浦口，入住獅子山寺，在這裡過年，並稍事休息。

一八八三年（光緒九年）初春，新年剛過，由獅子山起步，經江蘇六合縣境，向西北方，經皖中滁州、鳳陽、蒙城、渦陽、亳州——這條陸路進入河南省境，經太康、陳州之間的昊陵，西北行，由新鄭入嵩山區域，朝拜登封境內的少林寺。少林寺是中國禪宗初祖達摩的老道場，他面壁九年於此。然後拜到洛陽東郊的白馬寺。這一段漫長的旅程，整整拜了一年。虛雲以一種地塌天崩而無畏，金流山焦而不屈的誓死毅力，日行夜宿，風雨如晦，一面拜，一面默念觀音菩薩聖號，連飢飽苦樂都已忘記，兩個膝蓋與雙手，早已拜得老繭有一寸之厚，到此時他之雙手雙足，已了無痛感，每天精神百倍地向前拜。

到這一年舊曆臘月、天寒地凍之時，他背著日常生活用品、被褥，從洛陽向北拜，他在初一的凜洌寒風下，先到黃河渡口──鐵卸度，在途中經過北邙山東麓「漢光武帝的陵園」，他在這個小街上住了一晚，初二搭船渡河。等到船過了黃河，在河上折騰了五六個小時，才抵達北岸，因天色漸晚，黑雲密布，天欲降雪，他不敢冒然上路；舉目四顧，渺無人煙，他在路邊發現一個攤販木板架後面，有一小間茅草棚，那裡空無一人，剛好他可以入內暫度冬寒。他放下背上行李，走進小茅屋，便稍事整理，把衣被放下，身下墊著雜草，身上披著棉被，便盤腿而坐。

夜越來越寒，門外大雪開始漫舞。他在茅棚裡挨過一晚，到初三天剛濛亮，抬頭一望，野外早已凝成一片瑠璃世界。而大雪也漫上門塹，簡直無路可走，也無地可拜。野外闃無一人，自己也不知如何覓路向北禮拜。

他無可奈何，再退回原位，起先是枯坐默念佛號，但是這一日幾無食物可吃，腹飢如絞，而天寒也有似北極冰原，在飢寒交迫下，他在沒有門窗的小草棚內，蜷伏在一個角落，聊避強風，時間一分一秒地過去，到天色下午四時左右，在愈寒愈飢的折磨下，已近奄奄一息，但心中依然佛號不斷。

像這樣忍受奇寒、挨飢受餓、腹空如洗，這個天涯朝山之客，已漸漸進入昏迷狀態。直到初六清晨，也就是說，他被凍了六天、餓了六天，天亮後，大雪已止，東方微露晨曦，此時虛雲已完全失去知覺。

到初七這天早晨九點多鐘，從這條路向北的方向，來了個三十來歲的乞丐模樣的人。滿身污穢、破爛、泥濘不堪之狀；滿頭黑髮零亂；此人經過茅棚前的路上，忽見四周積雪的茅棚中，蜷臥一人，生死未卜。便走上前來，俯身用手拍一下虛雲的肩膀，「嗨！你怎麼啦?」眼看時間已近午，當時虛雲被這丐幫拍了之後，本想應一聲「餓死了!」但是發不出聲來，他凍得全身僵如死屍。此時這乞丐便將周圍飄進茅棚的積雪撥開，又從茅棚四邊扯下一些柴草，不知他從那兒撿來一口小鐵鍋子，用兩塊石頭支撐起來，於是從他破蔴袋裡，抖出一小碗黃小米，便從門外捧些雪入鍋引火煮將起來。

黃小米粥煮熟之後，他把虛雲扶將起來，坐在地上，說:「你吃點粥，暖一暖身子，等雪化了再走。」虛雲經過這位乞丐餵他吃一小碗粥，身上暖了起來，由於天已逐漸放晴，人也恢復了知覺。於是乞丐再問他:

「和尚！你那裡來呀?」

「我——普陀山來!」

「又那裡去呢?」

「五台山！我朝五台山去!」

虛雲精神稍稍恢復起來。睜開眼看著面前這個似乎很和善、而不像乞丐的乞丐，說道:「你先生貴姓大名啊?」

乞丐說:「我姓文，名吉。我叫『文吉』。」

好奇怪又玄妙的名字!

「那、你從何處來，到何處去呢?」

文吉說:「我從五台山來,回到老家長安去。」

虛雲問:「既是從五台山來,你認識那邊佛寺裡的出家人嗎?」

「那當然,他們都認識我!」

「那、從這裡去五台山,怎麼個走法?」

文吉說:「從這裡沿著古道,經孟縣,向東北到沁陽(淮慶府)、黃沙嶺、沁縣(新州)、太谷、太原、代縣(代州),再向右走,進入峨口,就到山邊了。如果你入山,先到『秘魔岩』, 這裡住著一個南方來的和尚,法號叫清一的,這個人修得很好,可以談一談!」

虛雲說:「從這裡到五台山還有多少路程?」

文吉說:「我想,從此北上,一路越山涉水,左彎右拐,該有兩千里吧(約一千公里)!」

文吉指的這條路,從沁陽北上到太原一段,便是日後的「同蒲鐵路」支線,「太焦鐵路」(從太原南下到河南、山西交界處、河南境內的焦作); 太焦路到焦作,便接上平漢鐵路到洛陽段,然後納入隴海鐵路接軌。

虛雲和文吉,一僧一丐,在路邊茅棚中又過兩天,天已完全放晴,雪也有待陽光來溶化,那文吉以雪代水,煮黃米稀飯一同吃,每天一餐。

第三天,在煮中午一頓粥的時候,文吉指著鍋子說,「普陀山那邊可有這個?」他指著鍋中未溶的雪滓。

「沒有。」虛雲說。

「那你們喝甚麼?」

「喝水啊!」

等到鍋中的雪溶化之後，文吉又指著鍋中的水說：「那是甚麼?」虛雲答不上來。這個文吉很奇怪，彷彿在打啞謎。

「那你朝山的目的，是為的甚麼？求的甚麼?」文吉說。

「因為——我生下來母親就死了，母親因生我而死，我朝山的目的，只是為聊報母親生我之恩!」

「照你的想法，要拜幾千里路的山，又揹著行囊隨身衣物香凳，再加路遠天寒，大雪滿天，那天能到呢？太苦了！我奉勸你，不要再拜什麼香了！心到神知就好。」

「我的心願多年前就定下來了!」虛雲說：「那年那月到五台山沒有關係！不達目的地、不見文殊菩薩❷的面，永不干休!」

「那你倒難得。今天天已好轉，可是雪還沒有化多少，而且連路的影像還看不出來，那——你就照著我來的足跡方向走罷！這裡向偏東北走二十里，有個小鎮——小金山，再走二十里，是孟縣，那裡便有佛寺可以住了。」

他們說到這裡，便拱手道別。此時因為路上雪深，看不到路面，無法三步一拜，因此虛雲只好照著行人的足跡，三步一合掌，這一天晚上到小金山，在一個小客店中掛單。第二天，由小金山，正式起香（每拜之時，先放下小凳子，在凳子上插著一支香，然後俯身拜倒於地，再緩緩起來，走三

---

❷ 文殊菩薩：「文殊」二字，為「文殊師利」的略譯，它的梵語是Mañjuśrī。義為「妙吉祥、妙德」。文殊師利，又漢語作「曼殊尸利、曼殊室利、文殊尸利」之不同音譯。文殊師利，代表釋迦之右輔，象徵智慧，有關文殊菩薩之佛典太多，如《文殊師利所問經》、《華嚴經》等不再列舉。

步，再放下凳子，面對那炷香，俯身伏地再拜），到達孟縣，再拜兩天，由孟縣拜向沁陽，快到文吉講的那座洪福寺的時候，看到一個很老的老和尚，見到虛雲三步一拜，他是內行人，便走了過來，把虛雲的香凳子接住，請虛雲起身，說道：「請上座（謙詞）到我們的小廟中歇歇吧！」然後老和尚叫一個徒弟把虛雲身上揹的行囊搬入寺內，再招待奉茶。

此時虛雲見這位老僧如此關愛，便恭敬地啟問：「您老人家的法號是?」老和尚說：「我叫德林，唉！人老了，不中用。——那，請問上座從那裡開始拜山呀?」

虛雲說：「我從南海普陀山下的法華庵起香，過海到浙江鎮海，向北拜，如今已拜了兩年。我的出家祖堂，是鼓山湧泉寺，如今出家已經二十五個年頭，回想道業未成，有負佛恩；親恩未報，有虧孝道。真是罪深業重，百世難贖啊！」

老和尚聽了虛雲的敘述之後，便感慨萬千地垂下眼淚，哀傷地說：「——我本來有同參三個人，一個是衡陽人，一個福州人，我們三個在中年時代，相伴朝山，又在同一個山林佛寺內廝守三十年，隨後各自分手回家，從此沒有消息。現在聽到上座——你一口湘音，又是出身鼓山的佛子，不禁想起我當年那兩位同參，恍如隔世相逢，真是難得呢！我老衲今年八十五歲了。本來我們這個寺院生活是很豐足的，只因近年歉收，稍稍窮了些。如今有了這場大雪，明年可望多收些糧食了，上座能不能在這裡常住呢?」

老和尚非常誠懇的想留虛雲在寺中住下來，但是虛雲委婉地向他解釋說，他為了「還願」，實在不能中斷朝拜五台之行。能不能再來洪福寺，要看日後因緣了。他非常感激地向老和尚道謝，答應他留在寺中過年再走，不過此時已是臘月十三日，距離一八八四年（光緒十年）農曆正月初一，也只有十七天了。

虛雲在洪福寺與德林老人他鄉遇故知，相處十八天，到次年正月初二，由寺前起香拜山，當天晚上，到達十多里之外的沁陽（懷慶府），等到拜畢起身，再趕回洪福寺掛單，到正月初三，才拜別老和尚，彼此叮嚀囑咐，依依不捨，最後互相扶持著痛哭一場，才珍重告別。這一天仍是到沁陽，在城內找到一個小佛寺──小南海，想在這裡投宿，不料，這座小寺的當家和尚拒絕讓異地出家人掛單、留宿。他只好走到北門外，在路邊一戶屋簷下露天而坐。天亮之後，肚子開始疼痛，可是到初四一早還是忍痛拜香，拜到晚上，渾身發冷抽筋，到正月初五，又連續腹瀉，但他仍然咬牙忍痛向北拜。像這樣，在腹瀉中形成痢疾之後，拜到十三日，到達山西境內黃沙嶺，已經爬不動了！而自己身上也沒有葯可服。他到達一座小山頂上、一個破落的廟，不知神廟還是什麼廟，風雨難遮，只得找一個牆角，癱了下來。在這裡，既沒有葯，也沒有飯吃，一天一夜瀉幾十次，因為廟在山頂上，也沒有過往行人可以求救。只有閉目等斃，別無他法了。虛雲在破廟裡躺到第三日，也就是元宵節這晚，正在半睡半昏沉的時候，突然看到廟內西邊牆角下有人燒火，在意識模糊中，還以為是那裡來的土匪躲到這裡了，因為火光，刺得他微睜眼睛一看，再看，呀，那個燒火的土匪，不是──二十天前救他的文吉嗎？

在腹痛如絞、聲嘶力竭中，勉強叫一聲──「文先生！」

那個人，文吉吧！手中執著一小束火把，走過來到虛雲身邊，仔細一端詳:「呀！大師父！你怎麼也在這裡呢?」

於是虛雲就把他們分手以後這二十天的經過向文吉細說一番。文吉即刻坐到他身邊來，先安慰他片刻，又轉回西牆邊拿過一杯水來，餵虛雲喝了。這天半夜重見文吉，頓時使得他彷彿九死一生中重見天日，身心都如釋重負。

到正月十六日，天亮，文吉將他一身髒衣服和沾滿痢疾糞便的褲子都拿去洗過晾起來，再找一個杯子倒些葯粉沖水給他喝了，到十七日下午，痢疾逐漸減少，晚上他吃了文吉煮的兩碗小米粥，又出了一身大汗，身心頓時輕快起來。到十八日這天，病竟然好了。

虛雲起身後，慢慢走過來，向文吉合掌道謝說:「我兩次災難，都蒙你文先生救了，真是今生感恩不盡啊!」

文吉卻說:「這點小事，你就別掛心了!」

虛雲說:「文先生！這回你是從那裡來呢?」

「我是從長安回來。」

「那裡去呢?」

「五台山呀!」

虛雲說:「只可惜我現在病剛好，沒有力氣，而且又是三步一拜，不能陪著你一起走。」

文吉說：「我看你從去年臘月到今年正月，拜的路程不多，最多一百來里吧！像這樣那年那月才能拜到五台山？你身體又衰弱，我看你不能拜了，也不一定三步一拜啊！你誠心走到五台山去朝禮文殊菩薩也是一樣。」

虛雲說:「文先生！你的美意可感，但是我前次已經說過，我出生後就沒見過母親。母親為生我而死，我父親只我一個兒子，卻我偏偏偷跑逃家當了和尚。父親因為我之逃家而辭官還鄉、而縮短壽命。這種天大的親恩未報，耿耿於心幾十年了！我是特為發報恩之願，朝拜五台，但祈菩薩慈悲加被，願我父母早脫苦海，往生西方安養世界。這次朝山，三步一拜，不管它有多少重難關，不到五台山、面見文殊菩薩聖容，我是死也不會瞑目的！」

文吉說：「你的孝心也真難得，你的願力也是蠻堅強的。好吧！我今天回到五台山也沒什麼急事，那我就代你揹行李，陪你去五台吧！像這樣，你就只管向前三步一拜好了，身上不揹東西，也可以減輕些負擔，拜得輕鬆些，心也就不作他想了！」

虛雲說：「文先生！你能夠這樣相助，我虛雲真是感恩不盡，而且功德無量了！如果有一天我拜到五台山，就把這次拜山的功德，一半迴向給父母，早證佛道；一半迴向給你文先生，以報相助之德，這樣可好?」

文吉說：「哇！這不敢當！這次拜山，是出於你的孝道，對我，只是方便，順水人情呢！不必謝！不必謝！」

文吉在破廟中，服侍虛雲四天，痢疾差不多全好了。

正月十九日，帶著病身之後，再度起香三步一拜，因為一身行李都由文吉揹，吃的也由文吉找，此時虛雲雜念全消，一身無罣，病在三步一拜中痊癒，身體健康也完全恢復。此後，從拂曉四時到天晚太陽西墜，一天竟可拜四十五里之遠，也不感覺辛苦。到三月底，已拜到接近山西首府太原南方不足二百里的太谷縣。他們到太谷縣的離相寺，想討個單。當時寺中的住持到山中茅蓬參修去了。知客師出現在他們的面前。虛雲合掌向那位知客和尚行了禮。

那知客見到虛雲身後站個衣衫襤褸的醜男子，就問：「這一位是你甚麼人?」

虛雲說：「這位文先生，是助我朝山而來，他在黃河渡頭和黃沙嶺兩度救我於難！他要陪我到五台山去!」

誰知這知客僧一聽虛雲說文吉陪他朝山，當下就大聲叱喝道：「你一個出家人，南北參訪行腳卻不識時務！你知不知道這幾年北方饑荒遍野，老百姓連吃的都沒有，朝什麼山?你架子可不小，還要人服侍。要享福嘛，又何必出門朝山?你見過什麼地方寺院，讓俗人掛單的?」

聽了知客僧這一頓窮吼，虛雲也不敢作聲，又深怕對不起文吉，便連聲說「貧僧錯了」，對不起，便掉頭而去。

誰料知客僧又說：「走——豈有此理！那由你要來就來，要走就走!」

虛雲一聽，這和尚是衝著文吉來的。就轉個彎子說：「那這樣吧！這位文先生請到客棧住一晚，我在這裡打擾一天如何?」

知客僧說：「這還差不多!」

問題到此告一段落，正待請文吉住店，自己入寺掛單，文吉卻反過頭來，向虛雲道：「這裡去五台山已不太遠了！我看我先回去，你一個人慢慢地來吧！你的行李嘛，我想不久會有人幫你送上山的。」

虛雲一聽，真是弄得哭笑不得，進退兩難。一再苦留文吉不要一個人先走，但文吉不願意。送他一錠銀子相報，文吉又斷然拒絕，便向他打個招呼，走了。

文吉走了。那知客僧竟然長臉一變，和顏悅色起來，便帶著虛雲到一間雲水僧舖上，放下行李。又陪他到灶房炕上敬一杯熱茶，而又親手做了兩大碗麵片，陪著虛雲吃了！這一百八十度轉變，前後彷彿脫胎換骨。此時虛雲一見左右無人，便問知客僧：「請問這裡常住有多少人啊?」

知客僧卻瀟灑地笑道：「住持走了，我在外地參學多年，前年回來當這個家，因連年饑荒，這裡只有我一個。糧食也只維持我一人吃喝。嘿！剛才我說的話嘛，是遊戲，莫怪！莫怪！」

虛雲聽罷知客僧這一番閒言閒語，一身爆滿雞皮疙瘩。文吉走了，難過也來不及了。於是他勉強吞下半碗麵片，當即告辭，那知客師再留也不住在這裡了。

虛雲出了離相寺，到街上客棧找文吉，再也找不到了。

時間很快，虛雲繼續一個人向北三步一拜，到四月十八日，天已入夜，明月滿天，為了希望能追得上文吉，他連夜向太原方向趕路。因為他三步一拜，起立伏地太急，身心俱熱，到第二天上路時，鼻孔內黏膜破裂，流血不止。當時用路邊井水拂面止血，到二十日，口內也開始出血，這一晚到了離太原不遠的榆次縣內的黃土溝白雲寺。待他進了山門，禮佛之後，大殿側面客堂，一個知客僧看到有個滿臉邋遢、身揹行李的遊方和尚進來，上前本想問話，不料一看這瘦長的和尚口鼻出血，不待虛雲請求，便擺手說道：「嗨！師兄，我們小廟是不收雲水客的！」虛雲說：「請法師慈悲！讓我在這度一晚，鼻血止了，馬上即走！」這知客僧呆了片刻，勉強地把他引到殿後側雲水堂，指定一個單位讓他休息下來。虛雲在這裡住了一宿，天未明，因鼻血已止，便揹著一身行李，出了寺門，向太原方向拜去，上午九點多，入太原，到城內極樂寺，本想掛單一晚，卻又受到寺中僧眾嚴辭拒絕，便找個小客棧住下，二十二日清早出城向北禮拜。當他拜到北門外，忽然有個二十來歲的青年比丘，名叫文賢的，看到路上有個中年和尚三步一拜，便上前恭敬地說：「這位師父，我代你拿行李，請起身到小廟裡用齋好嗎?」

虛雲一聽，抬眼看到一位誠懇、恭敬的年輕和尚請他去用齋，他這兩天鼻流血太多，身體虛弱，便滿口承允，隨著文賢走了一段路，到了一座佛寺中，文賢把他領到自己的方丈室，到了中午，又陪他一同用飯飲茶。

虛雲初見文賢和尚，猶如故舊相逢，頗感驚訝，便問他：「請問大和尚，看來你好似二十來歲，口音又是外省人，怎麼在這裡作方丈呢?」

文賢說：「說來話長。我父親在山西做官多年，後來在臨汾（平陽府）任內被奸官害死，母親亦因此痛不欲生，因病棄世。我十餘歲含淚棄俗出家，但與此間官場人士仍有舊識，亦有來往，因此被他們找到這裡來做方丈。我有心擺脫，但天不從人願。今天無意中看到您座下道風高卓，願力深遠，無限地敬佩，有心親近，並請您在小廟長住!」

虛雲說：「多謝你的護持！但是我發願報父母恩，朝拜五台，此願不了，誓不終止。你的盛情可感，但是我們後會有期了，千祈原諒!」

這個文賢對待虛雲，猶如父兄，十分恭敬，堅持請虛雲在寺中多過些日子再北上朝山。因此虛雲在寺中又過十日，文賢才在傷感中答允離寺。臨走之時，送了旅費與衣單，都被虛雲婉卻。當虛雲上路拜香之時，文賢卻代揹行囊、隨身相送十多里，最後在淚眼迷離中道別。這是五月一日的事。

當虛雲進入五台山區、中途要點──忻州之時，一天早上，在路上三步一拜，正在伏地頂禮時，後面來了一輛馬車，由於虛雲伏身擋路，馬車只好慢下來，在虛雲後面緩步而行。虛雲覺得後面好像有車子，便站起來避到一邊，想讓馬車過去。誰知車上一位做官的卻停車下來，向虛雲問道：「──大師！你在路上拜什麼?」

虛雲說：「朝拜五台山、文殊菩薩道場。」

那做官的一口湘音，便與虛雲談將起來。

他說：「要是這樣，那太好了！我此去是住在繁峙縣南、峨口鎮的白雲寺，那是你朝五台的必經之地。你的行李我代你送吧!」說著便叫車上隨從把虛雲的行李拿上去，虛雲連聲感謝，然後那官吏便上車道別而去。此後，虛雲每日三步一拜，一帆風順，五月中旬，到了峨口白雲寺，才知道那位代運行李的官吏，是駐紮在這裡的營官(約等於今天的營長)。那位營官將虛雲接到他的營部住了三天，待以上賓，臨別時又贈送路費、禮物，均為虛雲辭謝。但他卻另派兵卒二人，將虛雲的行李、衣物，直接送到五台山區的中台──懷台鎮的顯通寺。

五台山重要古蹟寺區，分為「中台、東台、南台、西台、北台」五個峰頂台地，相距各幾十里，其中以中台的顯通寺在數百座寺剎中最為輝煌莊嚴，梵宇數十重，內供文殊菩薩聖像。五台山主峰，距南方的五台縣有九十公里，距北方繁峙縣的峨口，卻只有二十多公里，峨口是中國南方僧俗朝山必經的入境處。

五台山，自六朝時已經是佛教聖地，在晉譯《華嚴經》〈菩薩住處品〉中即有「清涼山」❸的記錄。

虛雲隨身較重的行李既然有人先行送到中台山下、懷台鎮上的顯通寺——拜山的終點，他自己便從峨口白雲寺起香，先經圭峰山的秘魔岩，再遊獅子窩的龍洞，沿途奇山妙水，說不盡的古剎名勝。這些山水之勝都在他每一拜中消磨而過。直到五月底，才到懷台鎮的「中台」顯通寺。此時兵卒已將他的行李送到顯通寺交給知客師，下山回峨口去了。

虛雲到寺中先行向知客師請求在雲水寮掛單，再到大殿禮拜文殊菩薩，第二天又到顯通寺臨近各寺院拜佛上香，在數天內遍拜懷台鎮附近寺院之時，遇僧即問認不認識「文吉」其人，但是個個都說不知道。

問了很多人之後，問到一個老和尚，他敘述受到文吉救難的經過，文吉在太谷縣先他回到五台，可現在人人都說不認識他。老和尚默思片刻，突然合掌為禮，說道：「想必是

---

❸ 清涼山：五台山之別名。因此山在暑夏依然清涼無盛夏之熱；在東晉以前即以此名傳世。晉譯《華嚴經》第二十九卷〈菩薩住處品〉：有「東北乃菩薩住處，名清涼山。……」即指此。此山位於五台縣東北約一百五十華里，因各峰疊土如台，「東、西、南、北、中」五峰，故稱「五台」。此山在中亞地區於西元三世紀前後，《六十華嚴》（亦稱「舊譯」或「晉譯」）結集成書之前，已知中國（震旦）有「清涼山」，並尊之為文殊菩薩道場。

你的虔誠感動了佛菩薩，所以文殊師利菩薩才化身文吉來救你的吧！我看沒有錯啊！」

「文吉本就是文殊菩薩的梵漢音義結合的名字啊！」老和尚又說：「你想想看，文殊師利是文殊菩薩的梵名全譯，第一個字是『文』字，它的漢義，是『妙吉祥』，其中有『吉』字；漢梵簡合，為『文吉』，這不是『文殊菩薩』化身的示現是誰呢？你的虔誠真是天都感動了呢！……」

虛雲聽罷，想一想，如果不是文吉，自己早已埋骨荒郊，而今老和尚這一點明，真是覺得不可思議，於是對佛菩薩靈感更是深信不疑，於是倒地便向老和尚頂禮三拜，感激這一番提示。而且，從今以後，再也沒有見過文吉、聽過文吉其人。——這是虛雲一生許多經歷過的奇蹟中，一件攸關他生死存亡與作為一個末代禪師的最大奇遇！

五月二十二日，他又從顯通寺起香，以兩天的時間拜到「東台」，在明月滿山銀輝遍地之下，進了東台勝蹟——石室上香，並且在石室內佛像前朝夕禮佛誦經，前後坐禪七天，然後下山，拜「那羅延窟」，到三十日，因乾糧已罄，於六月一日再回顯通寺，準備了口糧，初二起香直上「華嚴嶺」，過夜，天明，拜上「北台」，拜後回「中台」掛單一日，初四拜「西台」，過了一晚。初五，回中台山下顯通寺。休息一日，初七拜「南台」。在南台參加一次禪七。六月十五日離開南台，再回顯通寺，參加六月下旬寺中舉辦的大法會，從此，天台山的「五台」勝地已拜畢，自己為父母迴向、跋山涉水、三年拜山亦於此功德圓滿。

朝山結束，他有紀〈天台山〉七律一首，詩云：

名山勝概自天開，一萬菩薩住五台；
積雪千年僧入定，祥雲一朵犼初回；
奇哉金色清涼界，樂也文殊智慧才；
前後三三是多少，喜師行腳不徒來。

虛雲在朝山三年中，除了途中生病、遭遇風雨大雪，不能三步一拜，但仍專心正念，在掛單處打坐；在拜山過程中，則歷盡艱辛險阻，不管是窮山惡水，還是羊腸小徑，總是心懷無限虔誠，在苦難中藉著困境來檢驗自己，愈是辛苦，愈是心安理得，無怨無悔，拜到五台山，大願已了，自己對世間一切逆境、所有順境，都已不動心念，無牽無罣！

他記得從普陀開始，途經浙江、江蘇、安徽、河南，渡過東海、錢塘江、太湖、長江、淮河、黃河，越過五百公里的太行山，遍歷中國東方勝景，等到五台，才展目看到「千丈寒岩、萬年積雪、石橋橫鎖、樓閣空懸」，都是江浙山水所不及。

等到七月初大法會結束，他走上「大螺頂」，拜畢「智慧燈」，在這裡第一夜只是長空如幕，上懸點點繁星，到第二夜，眼見「北台頂」，突然有一團火，飛向「中台」墜落山谷。但在頃刻間，化為十多團大小不一的餘火，消逝在夜空。第三夜，中台又飛出三團火，上下飛舞。北台也飛出五處火球，大小如花如霧，飛舞空中。

到七月初十，他由顯通寺，拜別文殊菩薩下山，由華嚴嶺向北，經大營鎮，約百餘里，到渾源縣南，北嶽恒山朝拜。

他由恒山南麓虎風口直上，入口處有「朔方第一山」的石牌樓一座。他直驅山頂一座神廟中，眼前一片奇石為階，古碑林立。他上過香之後下山。走了二十天，由晉南臨汾（平陽府），到城南，看了堯帝廟，再南到陝西邊境的蒲州，禮關雲長廟，渡過黃河，經潼關，入陝西境內，到華陰縣南，登太華山，拜西嶽大帝廟，又遍遊「千尺幢、百尺峽」及「老君溝」，在這一帶逗留了八天，然後沿著涇水河西行，經首陽山，瞻仰「伯夷、叔齊」故蹟，看「秦莊王墓」，入甘肅境內之香山，住觀音寺稍停，再西行，由涇川（涇水上游）、平涼兩縣，到道教——廣成子古道觀之所在地之崆峒山，到這一年底臘月，再回香山觀音寺過年。

虛雲遊罷道教古蹟的崆峒山，有〈過崆峒山〉七律一首為紀，詩云：

擊破雲根一徑通，幽棲遠在碧霞中；
岩穿雪竅千峰冷，月到禪心五蘊空；
頑石封煙還太古，斜陽入雨灑崆峒；
山僧不記人間事，聞說廣成有道風。

四論*千山萬水

一八八五年，虛雲四十六歲，在甘肅境內，臨近陝西省的香山觀音寺過了年，到正月底，離開觀音寺，經由陝甘邊境的大慶關，向東南行腳，到渭水河以上五十公里的耀州(今耀縣)，直下三原，然後先下咸陽，看「周文王之孫──召伯所種的甘棠樹」❶，再南渡渭河，遍走三千年來古都長安。在長安，先到城南參拜大慈恩寺，瞻仰大雁塔與碑林。接著遊長安城東二十里、七十二孔的古「灞橋」，極目「橋亭折柳」、「陽關三疊」諸美景。在離開長安前三天，遍禮大長安

---

❶ 甘棠樹：植物，落葉喬木，為中國北方一種「梨樹」。《詩經・國風・召南》：「蔽芾甘棠，勿翦勿伐，召伯所茇。」文意是「這株枝葉茂盛的甘棠樹（梨樹），不可以隨便把它剪除或砍掉，因為它是周文王之孫召伯（召穆公虎）曾經在這棵樹下休息過（以樹作遮身之所、處理公務)!」周文王的庶子（非正妃所生之子）奭，封於召地，稱「召公」。召公生子，名「召穆公虎」。此人成長後世襲父爵，勤政愛民，曾南巡到此，在甘棠樹下處理公務。其後，周人為紀念他，兼惜此樹，故作「甘棠詩」。茇音ㄅㄚˊ，動詞，義「在草叢中宿」或「以樹蔭為舍」。虛雲和尚在清末（一八八五）到咸陽看「甘棠樹」，當時此棵老樹還在，是咸陽一個重要的古蹟景觀。

城「華嚴寺的杜順和尚塔、清涼澄觀大師塔」，又到牛頭山興國寺，禮玄奘大師塔。在長安走遍古今勝景佛剎之後，便到長安之南三十公里的終南山北麓，飽覽許多古剎、勝景，最後在「南五台」❷，會晤了江浙一帶到此結茅隱居修道的「覺朗、冶開、法忍、體安、法性」諸佛門菁英，他們初度相逢，一見如故。當時的法忍（1844—1905），來自江蘇句容赤山真如寺，是禪宗法將，比虛雲小四歲，時年四十二。冶開（1852—1922），則是江蘇常州天寧寺的禪師，時年僅三十四。至於「覺朗、體安、法性」，多在三十五到四十五之間。他們各有自己的茅庵，分散在終南山四周山麓或岩洞中苦參。虛雲和尚在終南山各地茅蓬與他們相會之後，都受到這些活埋自己的佛門大德所歡迎，希望虛雲與他們之中某一個人同住共修。而虛雲則選定了與「覺朗、體安」一共三個人同住一個大茅庵。自安定下來之後，他們每天淩晨從二時起單，晚間十時養息，按自訂的時間表，誦經、坐禪，參「父母未生前是誰?」

在這裡定下單來之後，如有餘暇，便遍訪山中遠近苦修的道侶，切磋生死大事。在這裡整整度過兩年，在生命的原來面目上，又深透一層。虛雲和尚的雲遊，並非到此即止。他另有計劃南遊，初步是由陝西南下，遍禮四川古剎，再西入康藏，考察康藏高原的「藏密」的本末究竟，再越過喜馬

❷ 南五台：山名。除長安之南郊終南山，有此一地名，山西五台山，因由五座峰頂布局成為五個「台地」，故稱之為「中、東、西、南、北」五台。總名「五台山」。陝西之南五台，想是與其北方山西「五台山」相對而得名。

拉雅山，進入印度，禮釋迦勝蹟，然後轉由水路，到二千年前的師子國（今之斯利蘭卡）、轉經緬甸，回到故國雲南。

他在光緒十三年（一八八七）二月告別同修的道侶，離開終南山，先到臨近的「翠微山」，訪皇裕寺、淨業寺，瞻禮南山道宣塔院❸，再到草堂寺❹，禮鳩摩羅什❺古道場，接著西去八十公里之外的太白山，一一遍遊古剎名勝，最後回到首陽山東北麓的子午鎮稍事休息，便儲備衣糧，獨向西南一百多公里行程的漢中府（今南鄭），沿途經過西漢、三國時代的古戰場與名勝，例如：漢高祖劉邦的「拜將台」、包城的「諸葛亮廟」、張飛的「萬年燈」，入川境之後，便是「龐統墓、劍門關」，一路天涯獨行，了無牽累，徜徉山水，當他經過入川「棧道」，誠有「蜀道難，蜀道之難難於上青天」的李白之感嘆。他經過了姜維的城堡，度過「一夫當關，萬夫莫敵」的棧道，由劍閣、梓潼、綿陽、廣漢這一線——古之由陝入川老路，到了臨近四川成都三十多公里的新都縣，這一路行來，已近初冬，便在當地寶光寺掛單過年。

過了年，虛雲四十九歲。他的高瘦身材，但有超乎常人的體力與千錘百鍊的苦行僧意志，每天揹著行囊，拄著手杖，

---

❸ 道宣塔院：道宣（596－667），唐代高僧，譯經家，律宗第九代祖師。「塔院」，即供奉其靈骨的場所。

❹ 草堂寺：此寺為東晉鳩摩羅什的譯經道場，由符秦姚興所建。

❺ 鳩摩羅什（343－413）：為漢譯佛典第一代大宗師。先祖為印度人。其父鳩摩羅炎，出家後到龜茲（今中國新疆庫車），被龜茲王強迫與王妹成婚，生鳩摩羅什。羅什七歲隨母出家，至五十八歲始被姚興接到長安，開始譯經工作。

跋山涉水，日出上路，日落棲身於荒山野嶺、溪畔林園之中，從不倦乏。

光緒十四年（一八八八）正月初五，虛雲和尚告別寶光寺，一天行程，便到了劉備時代的西蜀古城——成都。他在這裡安了單，首先瞻仰的是，成都名剎：昭覺寺和文殊院。他住在北門文殊院，隔了一天，便到城西五里、浣花溪畔的草堂寺，禮敬杜甫舊年故居。然後再去近城的二里之處——道教青羊宮。他在成都留連一周，再起程南下，經過「華陽、雙溪、眉山、洪雅」諸縣境，一百五十公里行腳，到了峨嵋山西北麓登山口，由伏虎寺、九老澗這一線上山，直達「峨嵋金頂」。到天晚在寺中用齋。然後在大雄寶殿上香、拜佛。入夜之後，到大殿後方「睹光臺」面對千丈絕壁，瞻仰「佛光」。在「金頂」看佛光，日、夜、晴、雨，所見的「光」卻千差萬別，各有其不同之幻象光影。虛雲和尚是在初夜九點多，在這裡看光，他看到的是「佛燈」，這種佛燈，只有在「夜」中才會浮現在海拔二千五百公尺的峨嵋絕壁之前，一片「光」的海裡。此時，他在臺上稍一靜心凝神，屏息向斷崖之前，一片森林之海靜觀，便忽然在虛空之中，迸出無數的燈光，在斷崖下滾動、閃耀，忽來忽去，乍明還滅；有的光束迫在眼前，觸手可得；有的遠在天涯，猶如流星，明明滅滅，他直立燈海的邊緣，目擊峨嵋金頂的佛燈，深深體會了造物者的神奇，與「萬盞明燈朝普賢」的奇景，在他倒身下拜之後，到時近子夜，才回到寺內「雲水寮」休息。次日，由金頂，沿山路向東北下坡，到寶光寺掛單十天，親近寺中方丈應真和尚。再向東沿萬年寺，禮毗盧殿，下山，向東北行，再轉向西行，走了三天，到西康境內的雅安（清代地名雅州），然後從「滎經縣」西行，行腳到大渡河岸的瀘定。這已接近民國時代的西康首府——康定（打箭爐）了。

虛雲和尚的萬里行腳，其目的，便是由陝西終南山開始，南經四川峨嵋，再橫穿西康，進入西藏，再由西藏，進入印度、錫蘭、緬甸而後雲南，穿越中國西南高原，再回到國內。

在那個時代，以一雙芒鞋，身背乾糧、衣被，風塵萬里，依然猶如唐宋時代中國高僧，去西域取經一樣艱難困苦。而虛雲其意志如鐵，在了無人煙的西康境內，橫山越澗，踽踽獨行。如遇寺則掛單拜佛，無寺則路邊山崖棲宿。他沿途停停走走，到五月間，經雅安境內鐵索架設的瀘定大橋，越過搖搖擺擺的二百公尺長的橋樑，過了大渡河，向西行，經過「打箭爐」向西穿越理塘（理化）、巴塘（巴安）、昌都（察木多）、再向西南，經由碩督（碩般多）、阿蘭多、嘉黎到達康藏邊城太昭。在西康境內一路行程達一千二百公里。從太昭西行渡烏蘇江、拉薩河，一百公里之外，便是「拉薩」。這時已年屆隆冬。

在西康境內，虛雲和尚接觸到「回、藏、苗、夷……」多種少數民族，與高原地區不同民族的語言生活習俗，尤其是巴塘（巴安）境內的「貢噶山」，是喇嘛教的藏東聖地。貢噶活佛也常駐在貢噶山的寺院。此時也才體會喇嘛教的僧侶生活與中國大乘佛教有絕大的分歧。

當他進入西藏首府拉薩之後，找一個小客棧住下來，稍事休息一兩天，便去瞻仰西北角的布達拉宮，當時布達拉宮是年方十三歲的達賴十四世——圖登嘉措（1876—1933）坐床，在十三層的深宮巨殿裡，散住著二萬多名喇嘛僧。在城區內外另有「葛爾丹、別蚌、色拉」三大寺，各有數千喇嘛，由於漢、藏語言難通，虛雲只好在各大小寺院瞻禮。進香完畢，便獨自一人在拉薩各處細心觀察民情與藏僧生活習慣。而西藏的人民並沒有把他當作一位佛陀座下的比丘！

在拉薩瞻禮了十多天之後，再起腳西行，沿雅魯藏布江，經貢噶、江孜到班禪的管區：日喀則。日喀則城西的「扎什布倫寺」，便是班禪坐床之所，這裡有喇嘛四、五千人。

在這一年的行程中，經過康藏高原，所見所聞，給虛雲和尚的感觸是：在荒山野嶺，寸草不生的沙磧之地，一個人行走，常常四、五天，看不到一個行人。在這一高山寒冷空氣稀薄的地方，僧侶不重視戒律，食肉衣皮，與中國素食、嚴持禁戒的出家僧尼完全不同。而且在僧服上，則為黃、紅二色，各行其事。他看到佛教經過二千年來的衍變，有如此大的分歧，不禁悲從中來，熱淚為之沾襟。

虛雲在這一年農曆十二月中旬，由日喀則再回到拉薩過年。光緒十五年（一八八九）正月中旬，天氣稍暖，便向南行，經卡拉、亞東，走了十多天，到西藏與不丹交界的「埡口」， 過了邊界，到不丹王國。與不丹相鄰的，分別是尼泊爾與印度。

虛雲和尚到了喜馬拉雅山南麓，第一個要瞻仰的是，尼泊爾與印度聯合省銜接的邊境——釋迦佛陀出生地——藍毘尼園，然後是成道處——菩提迦耶。然後經由孟加拉（前東巴基斯坦）中部楊甫城❻瞻禮佛跡，再到達卡坐船渡海，到

❻ 楊甫城(Jemālpur)：地在「今孟加拉中部」，此地疑為釋迦住世時

錫蘭（今斯利蘭卡）的古城可倫坡，朝禮印度阿育王之子摩哂陀傳到當時「師子國」的原始佛教赤銅鍱部所留下的古佛窟石刻塑像。朝禮錫蘭佛蹟之後，再乘船東行到緬甸首都仰光，朝禮大金塔、摩羅緬吉帝利巨石❼。

到這一年農曆七月，虛雲和尚才由緬甸仰光北上到與雲南鄰近的臘戍，由臘戍經過邊界「漢龍關」❽入國境，然後向東北行，經龍陵、保山、下關、到大理。大理與相傳「佛大弟子迦葉的道場──雞足山」，只有數十公里。這是虛雲和尚，回到國內主要的瞻禮勝蹟之處。

關於「迦葉」，就是釋迦佛十大弟子中「苦行第一」的「摩訶迦葉」。「迦葉」的故事，根據玄奘的《大唐西域記》卷九，有這樣的說法：「雞足山（梵音kukkuṭapada）在中印度的摩揭陀國，傳說是大迦葉入滅之地，也叫做『古魯派陀山』，義為『尊足』，後來『尊足與雞足』渾淆，便訛稱為『雞足』。當佛滅後，大迦葉主持第一次佛經結集，二十年後，他深感世間無常，便到雞足山北麓山脊，越嶺穿澗，到山的西南峰，有一段絕徑無法通過，便用錫杖敲擊巨石，應聲而碎，打出

曾留下說法之遺跡。

❼ 摩羅緬吉帝利巨石：摩羅緬吉帝利傳說為佛十大弟子中「神通第一」的目犍連曾到來宏法，並安一巨石。平日朝禮者甚多。今其地理位置不明。但仰光西北四百公里、伊洛瓦底江邊之浦甘(Bagun)東南七十公里處之波巴山(Popa)在山間形成聳天巨石，與摩羅緬吉帝利景觀相似。惟真實與否，仍待考查。

❽ 漢龍關：今雲南地圖無此地名。疑為「滇緬」交界處「木姐到南坎」附近之邊境驛站。

一條小道，再沿石徑爬山，迴峰轉路，到山的東北方頂峰，這座峰有三座峰巒聳立，迦葉便捧著佛陀賜給他的袈裟，向三座峰嶽覆蓋，結果將山峰蓋住了，今天看起來，像三個突起的包，所以後來在山上建了一座塔，在夜中遠望，塔上猶如放光的火炬。……」這座山的位置，在今天的中印度「瓦吉剛吉」(Waijirganj)東北方庫吉哈地區，距離佛陀成道處的伽耶山（今伽耶市）東方二十公里的哈斯拉(Hasrā)丘陵上。雞足山傳說，到中國唐代演變到「中國佛教聖地——雲南大理府正北方四十公里的賓川縣境，有一座九曲山，山之西南有洱海，北有金沙江；對面是蒼山，山之全境有三峰聳立，形如雞足，因而也名為『雞足山』。此山海拔三千二百公尺，主峰為『天柱峰』，從晚唐到宋代，全山寺院發展到一百多座，山區的主峰下，最大的寺院是『缽盂庵』[9]……」。

由於古印度有「佛陀大弟子迦葉在摩揭陀國、雞足山入滅故事的流傳」，因而與中國唐代雲南大理雞足山地名偶合，於是經過神話的流傳，便將「印度的雞足山搬到中國雲南大理」來，「迦葉於是也就在這裡再一次入滅」，等待「彌勒佛下生」……。

虛雲和尚到雞足山朝拜「迦葉道場」之前，先遊洱海，看洱海的漫天瀑布。

為了朝拜「迦葉遺蹟」，他坐船渡過三十公里的洱海，沿途經過「挖色、平山、安邦大王廟」這一線小街市，到「靈山一會坊」，便是雞足山的南麓山腳。

---

[9] 缽盂庵：此寺於一九〇九年（清宣統元年）奉敕命改為「祝聖寺」。後虛雲和尚中興重建。

走了十多里，爬到半山腰，有一地名「鳴歌坪」，根據民間傳說，「迦葉入山時，有八位印度諸邦國王，送他到這裡，不忍心離去，便在山裡修行，他們死後，便成了護法神；後人因而為這八個小國王建了一間祠堂，名之為『大王廟』」，由此，再向主峰曲折上攀，到了缽盂庵的「迦葉殿」⑩，殿上供著「大迦葉羅漢像」。殿前數十丈遠，有一列巨大的天然石門微開，「當時佛陀另一弟子、多聞第一的阿難，曾到這裡參見他的師兄迦葉，在平日，石壁上那一條裂縫本來是密封的，想不到阿難一到，大石頭上卻自動裂了一條口，彷彿大門開了。」

這一大塊殿前石壁本是天然形成，高有一百多公尺，寬三十多公尺，彷彿封閉的城門一般，當阿難未來時，迦葉在「石門」內一間茅蓬修禪入定，阿難到了，大石自動移開，於是，今天這座石門，被命名為「華首門」。

虛雲和尚在當天下午三時到了雞足山、天柱峰的聖地——缽盂庵、迦葉殿，朝拜了殿中的迦葉聖像。這一天天氣晴朗，各地來朝山的香客絡繹不絕，中間也夾雜著一些賣香燭、點心的小販。當虛雲和尚到迦葉殿正在捧香頂禮之際，忽然聽到「本來沒有敲擊的巨鐘突來蒼然三聲長鳴」，這時許多來朝山的香客全都大聲呼叫起來，於是口口相傳——「今天有聖人到了！大鐘響了！——我們從前上山只聽到大殿上的木魚聲、磬聲，倒從沒有聽過大鐘響啊！今天這位師父來禮拜，大鐘響了！師父可不是普通的和尚啊！……」這時候許多人都擁過來面對虛雲和尚，向他恭喜道賀！而虛雲則謙

⑩ 迦葉殿：即供「大迦葉」聖像之殿，疑即在今祝聖寺內。

遜地回答:「不敢不敢! 貧衲可不是聖僧呢!」

這一天是農曆七月三十日，虛雲和尚剛過五十歲的生辰的第二天。

他在大殿瞻仰了半晌，然後在殿四周稍事逡巡，便與香客們合掌道別，獨自再上峰頂——全山最高處。

這座雞足山，由「靈山一會坊」上行，從入山到接近缽盂庵，沿著小徑攀登，直到迦葉殿，沿途瀏覽全山勝景，目不暇接，共走了五個小時。

天柱峰頂，有一座「銅殿」，一座「楞嚴塔」，在明末清初之時，全山有三百六十座庵堂、七十二座寺院，而此時只剩下六七座破落的寺院，又是「代代相傳」的子孫廟，與世俗人家毫無軒輊，出家人也視「戒律」如敝屣。如有外地來的遊方僧眾與香客，也拒絕在這裡掛單。虛雲看在眼裡，聽在耳裡，無限的沉痛抑鬱在心的深處，他當下發願，有朝一日，他必將重建這座聖地，恢復佛門舊規!

他下山時，是由山之北麓，經「梁王山、九峰山」，到一百多公里之外的雲南驛，稍事休息兩三日，又向東南方托缽，經「水目山、靈鷲山……」走了五十多公里，到楚雄縣，掛單在縣城西門外山麓邊的高鼎寺。住在這裡沒幾天，正巧趕上寺後山林間蘭花盛開，想不到高鼎寺的出家眾向他賀道:「您老來了! 偏偏這時候山上的仙蘭開花來迎接您了! 真是異事啊! 您老可知道: 我們這裡過去有蘭花的香味飄來，但卻看不到蘭花的影子，只有遇到聖僧來了，蘭花才會滿山盛開的。如今寺周圍到處充滿了蘭花香，都是您的道行感召吧?」

寺僧希望虛雲不要走，就在這裡安單長住好了。可是虛雲和尚回答他們：他還有遍訪「善知識」的心願未了，要趕著回湖南，無法久住。於是，隔了一宿，便向東行腳，經雲南首府昆明、滇東曲靖，過邊境入黔，經貴陽、鎮遠，入湘境，到麻陽、芷江，轉向東南方向，經邵陽，直達湘江畔的衡陽。這一段行程，長達兩個多月，走了二千多公里。

到衡陽之後，便到北郊禮謁歧山寺的方丈恒誌和尚，在歧山掛單十多天，再沿湘江坐船北上，十天後到達湖北省會武昌的寶通寺，參訪方丈志摩和尚，並在寺中學習「大悲懺儀軌」，然後由水路——長江東下九江，下船後步行一天，到達廬山，拜見志善老和尚於海會寺，並隨眾「念佛」。過了一週，再坐船東下，到安徽境內，在皖南遍禮九華山、黃山諸名剎。他先去禮拜地藏菩薩化身——金喬覺之塔，再朝百歲宮，拜見方丈寶悟老和尚。隨後沿長江坐船到南京，到句容縣的律宗聖地寶華山，拜識隆昌寺聖性和尚，也在這裡度過農曆新年。

虛雲和尚到新的一年（一八九〇）暫時掛單在隆昌寺，回顧過去三年來，由陝西長安南下四川朝禮峨嵋，橫越西康荒山峻嶺瀑流，入西藏禮布達拉宮，再南行出亞東埡口，入尼泊爾、不丹、印度諸國境朝禮佛蹟，再經孟加拉灣，由水路西渡錫蘭。然後再返孟加拉，由陸路越境進入緬甸，上行雲南，遊雞足山，向東跋涉雲貴高原、經湖南、湖北、江西、安徽到江蘇寶華山。

此行，除了局部渡江、涉海是坐船之外，其他歲月，都是歷盡萬難，在「藏、印、錫、緬」諸國語言不通、交通不便、風俗民情難解、沿途摸索情況之下，不避風霜雨雪荒陬斷崖，不憚飢渴寒暑孤身獨行，只是為了發願遍禮雪山南北、中印藏緬佛門勝地，遍參當代高僧大德。雖然他已年屆五十，憑著高瘦而強韌的身體與百折不回的毅力，較善財童子五十三參尤有過之，行遍萬里路，而不以為苦。虛雲參訪之大願，行腳之山遙水闊，已不遜於晉唐以下西竺求法取經之法顯、玄奘，所謂「精誠所至，金石為開」，正足以說明虛雲和尚走遍千山萬水，經歷亞洲五個國家，不顧一切語言障礙，十九世紀末期步行「康藏、印度、錫蘭、緬甸……」諸地荒漠、崎嶇萬狀之地，若非有菩薩大願，實難為之。此種大行、大力、大願，正是預示了這位中國末代禪師的偉大風範！

五論*初破禪關

一八九〇年（光緒十六年）二月，虛雲離開寶華山，繼續他參訪的旅程。他從句容向太湖西岸行腳，到宜興拜參顯親寺方丈仁智和尚。顯親寺是明末禪宗大師圓悟密雲（1566—1642）的出家祖庭。這裡的大殿正在重修，虛雲在這裡度過了長夏，兼為寺中打雜。七月，又回到句容拜訪赤山法忍和尚，他們在終南山的南五台已經相識，並且協助重建法忍主持的真如寺。半年之後，他遷單到南京，陪淨成寺的松巖老法師重修殿宇。剛好，中國近代佛學大士楊仁山（1837—1911）在此成立「金陵刻經處」， 虛雲和尚與楊仁山時相往來論道。

過了舊曆新年，到一八九二年（光緒十八年）初，他離開淨成寺，約了揚州高旻寺的普照、湖北歸元寺的月霞、還有一位印蓮，三位同道，去皖南青陽境內的九華山，自建一個「翠峰茅蓬」（小茅草屋）一同隱居修道。普照、月霞、印蓮三位法師，都是「華嚴專家」，他們一面精進修道之暇，並由普照法師主講《八十華嚴》，宏揚「五教思想」❶，因為

---

❶ 五教思想：佛教自東漢傳入中國之後，到隋唐時代，發展為十宗。其中「密宗」由印度傳播到西藏。在中國，則發展出「華嚴、天台、禪、淨土」四宗。其餘五宗為：「俱舍、成實、三論、法相、

這幾位精研華嚴的方外人大力宏揚，自圭峰宗密（780—841）以後千年沒落的「賢首教義」❷，在中國大江以南的佛界，重新再受到重視；普照以後，月霞法師繼其法，在民國二年在上海創辦了「華嚴大學」授徒講學，展開更大的「華嚴學」的發揚。

到一八九三年（光緒十九年）夏天。他們在佛家深一層思想大義上繼續鑽研，反覆辯證，此時天台名宿，浙江慈谿聖果寺的諦閑法師（1858—1932）聞訊也來到九華山翠峰茅蓬相聚結夏。之後逕去鎮江金山寺過冬。一八九四年（光緒二十年），虛雲全年在「翠峰」埋頭經藏，深入佛家奧義。

不過，到這一年底，五十五歲的虛雲和尚，在中國清末的禪宗道場裡，還沒列名。他只是一個精進遍修多種法門兼研經義的和尚。這要到光緒二十一年（一八九五）， 才是他作為一代禪宗大師的開始。

一八九五年農曆三月間，揚州高旻寺方丈月朗和尚到九華山的翠峰茅蓬，向虛雲、普照他們幾位說：「這一年間有一位姓朱的施主要在高旻寺做法會，他發心護持十二個『禪

律宗」。華嚴宗，到三祖法藏（643—712）起，將宗義判為「五教」。這五教是：「(1)小乘教、(2)大乘始教、(3)大乘終教、(4)頓教、(5)圓教。」而以《華嚴經》為宗義重心的，稱之為「圓教」。請詳參唐、法藏《華嚴五教章》等書。

❷ 賢首教義：賢首，是華嚴宗第三祖法藏大師的號；「賢首教義」，即指法藏大師的「華嚴思想」。 他的思想骨幹，包括「十玄門」之修正，「五教」之釐定，以及他的《華嚴探玄記》等多種有關華嚴宗著作。

七』❸，現在已經打了四個七了，還有八個『禪七』待啟辦，這一年總共有十二個禪七要打。主七的和尚——赤山的法忍老和尚已經回句容了，因此寺中人手又不夠，我們期望你們幾位大德來護持高旻寺這次禪七，你們能全部回高旻寺幫忙就感謝不迭了！」

月朗和尚懇切地請託他們，等第五個七期快到了，季候已到六月中旬，茅蓬中幾位法師便共同推派虛雲和尚先行下山去江蘇揚州，他們會陸續上路，去隨喜打七。

虛雲和尚下了九華山，北上先到長江南岸的大通港，然後沿江東行，走了三天到了荻港，接著再向東行的時候，遇到長江水漲，虛雲本想乘船渡江，由江北無為縣，向東到江蘇揚州，可是當他找到一條渡船的時候，船伕開口要「光緒通寶」❹六枚，虛雲口袋中卻一文不名，只好作罷，於是再沿江啟步東走。因為江水浪大，時時刻刻向岸邊路上撲來，頗為嚇人。就在虛雲背著「衣缽行李」踽踽獨行時，偏偏一個浪頭撲向岸邊，把虛雲連人帶行李捲下長江，這時他依仗自己還懂得一點水性，在滾滾長江東逝水的奔騰下，把他捲

---

❸ 禪七：是中國禪宗的修行方式之一。它的定義是：「以七天為一個限期，集中精神、體力」專心參究「未生前是誰」的疑案。「禪七」多半是由佛教某些禪宗寺院或禪宗大德主辦，並訂下儀規，嚴格進行。為修行能突破開悟的那一關，也有些禪宗道場一連舉行多次「禪七」，以期限時開悟。

❹ 光緒通寶：為「清代光緒年間之貨幣」，銅質，圓形帶方孔，幣上有「光、緒、通、寶」四字分鑄於孔之四周。幣分「一文、十文」等數種，一文最小，十文較大。

得精疲力竭，終於陷入昏迷，被江水向東沖浮而下，因為他有些衣物是用籐包鎖住，籐包又纏在身上，所以人在水上，半浮半沉，整整一晝夜，這一日一夜之間被江水沖到一百公里之外，已近江蘇邊境不到十公里的小鎮「采石磯」附近，此時虛雲已奄奄一息，卻被一個漁夫在江邊打魚時下網不小心撈上岸來。網拖上岸，本以為是一條大魚，但想不到竟是一個死人？使得這個中年漁夫嚇得半死，這時天色已到上午八時，漁夫趕快把他拖上岸，然後揹過江岸不遠的一個佛寺——寶積寺門前，大聲呼喊寺中僧人出來幫助救人。

此時寺中跑出來一個和尚，四十多歲，到了漁夫身邊，一看地上躺著一個半死的和尚，大吃一驚，趕快幫著漁夫把虛雲抬到寺中的客堂，放在一張床上，一面用民間的「壓胸式」救溺方法，期圖把虛雲的腹中積水壓出來，想不到當這個和尚正在動手推壓虛雲的胸腔，一推一放之間，虛雲的口中便有些水被榨冒出來，接著腹中又呼呼作響，因為救人者面對虛雲的臉只有一尺遠，這時才發現，這個看來五十多歲的溺水和尚，竟然是他在赤山真如寺同作「客僧」的德清和尚❺，禁不住使他大叫一聲：「哎呀！怎麼是你呀?」過了兩個小時之後，天近正午，虛雲才在昏迷狀態中蘇醒過來，睜開眼，一個漁夫，幾個和尚，其中一位站在他身邊，他長長地抽一口涼氣，向大家道謝「救命之恩……」，這一天，是一八九五年八月十八日（農曆六月二十八日）。

---

❺ 德清和尚：為虛雲和尚初出家之法號，直到六十一歲，自行命名為「虛雲」， 此後以「虛雲」之名行世。本書則一貫以「虛雲」稱之。

人雖然救活了，可是他的口、鼻、大小便道，卻不斷地流出血來。寺中便讓他住在客堂一張舖上休息，又請中醫來為他服藥止血。過了五、六天，血暫時不流了，人也能下床走動了。便辭別寺中諸位同道，再沿江東行，走了五天，才到長江北岸、江蘇揚州的高旻寺。

他到了高旻寺的客堂，向寺中知客師報到，這時他一身骨瘦如柴，身體還沒有完全康復，只是靠著毅力走路。那知客師看到外來的這個和尚，彷彿風中之殘柳，就忍不住問：

「你有病嗎?」

虛雲答:「沒有。」

知客和尚就說:「那你來這裡幹嘛?」

「我要見一見月朗方丈!」

知客師望了他一眼，覺得不可思議。但他還是到方丈室向月朗和尚報告，說「來了一個德清和尚要見他」。

於是虛雲在知客引導下，見了月朗方丈，月朗聽虛雲和尚向他簡報了翠峰茅蓬的近況，便請虛雲出任「巡堂」之類的職務，但是虛雲謙辭未允，也沒有向月朗報告他自己失足長江被江水沖到采石磯的事，只求他在禪堂中有一席之地用功即可。

虛雲拒絕了月朗之命護戒，這在「門風嚴峻」的高旻寺而言，是對全體參加禪七的人，不禮貌的。

於是按照寺規，拒絕接受職務，就要被當眾宣布罪狀，挨打香板十下。虛雲當時默然接受，一無答辯；誰知過了幾天，口、鼻突然再度流血不止，小便渾濁如膿，似乎墮水後的出血症再度復發，虛雲一時心如死灰；但不管身體如何荏弱不堪，他依然在「禪堂」中晝夜不懈地專心參「父母未生前是誰?」一天天下來，心中清清朗朗，了無餘念，身心在何處，也了無罣礙，這樣日夜不停地用功，吃在禪堂，坐在禪堂，行在禪堂，閉目養神在禪堂，二十多天，沒有正式睡眠，只管參禪，想不到「口鼻大小便」流血發炎症狀，突然消失無蹤。此時采石磯寶積寺的方丈德岸和尚帶著新購的衣物到高旻寺來供養打七和尚，見到虛雲一臉容光煥發的莊嚴相，十分歡喜，虛雲就把自己在荻港落水，到采石磯獲救，寶積寺收留的事向同參順便報告一番，又回報德岸和尚的慈悲搭救自己，大家聽了，響起一陣熱烈的讚歎聲。因此，本該在禪堂內輪流送茶送水等職務也就免了。於是虛雲既無雜事在身，藉此更加用功修行，這樣一來，心無二用，又加上徹底放下色身以外一切得失，從此萬念頓息，工夫結成一片，紮紮實實，日夜不息，全在定中，行動輕柔如飛。

有一晚，近十時，一堂坐禪完了，大家待起身行走時，虛雲開眼一看，忽然滿天光明，猶如白晝，不分禪堂裡外，彷彿玻璃間隔，向外看去，清清楚楚，透透徹徹，全無障礙。隔著一堵外牆，他看到管「香燈」的和尚正在廁所中小解，轉眼又瞥見西面寮房的寮頭（室長）也坐在一間廁所裡，再向遠看，意外看到好幾里外運河中的行船，河兩岸樹木迎夜風搖曳，路兩傍院落人家一目了然。此時才不過櫳板三响，天近二更。

等到三更時，在禪堂入座閉目「養息」（入睡），第二天早齋時，問及那位香燈師和西單的「寮頭」，昨晚最後一堂香，他們是不是上過廁所?那兩個和尚眼一睜奇怪地問:「你怎麼知道? 上廁所有何稀奇?」

對前一晚的經驗，虛雲坐禪時橫穿時空的境界，沒有放在心上。到這一年臘月間第八個「禪七」的第三天晚上，第六柱香完了，「開靜」❻，為禪堂服務的護法和尚，到每一個人坐墊前沖開水，當他去虛雲座前，開水沖得猛了，突然一股熱水迸到虛雲的手上，因為水太燙，虛雲手中的杯子隨之摔落石板地上，咔—— 一聲清脆的破杯子擲地聲，使虛雲霎那間頓時斬斷了「疑根」❼，親見「父母未生前」的「本地風光」。至此，虛雲如大夢初醒，快慰平生。

他自省出家漂泊三十七年，記得有一次朝禮五台山中途，在黃河邊茅棚中住宿，那一年（光緒九年，一八七〇年）臘月初七，來一個乞丐文吉，取雪代水，為他們煮黃米粥吃。文吉問他：

「南海有這個麼（指南海普陀山有雪麼?)」

虛雲答:「沒有啊!」

文吉說:「那你們吃什麼?」

---

❻ 開靜：為佛教徒在「打坐」時，當預定之禪坐時間完了，木魚輕敲三聲，表示「一支香或一小時……之禪坐」終了，可以起身了，稱之為「開靜」。

❼ 疑根:「根」，指人之「根性」或積久難斷的習性。在佛家言，人之習性延續多生多世，彷彿「樹根」一樣，難了難斷，深入地下。「疑」，為「五鈍使」之一，這五鈍使為「貪、瞋、癡、慢、疑」。「疑根」，即指眾生多生多世以來「對人對事不信任、猜疑」的習性。在「參禪」言，話頭多為疑問句，例如:「念佛者是誰?」一旦參透、開悟，則「疑根」消失。

虛雲說:「吃水呀!」

待鍋中的雪溶了之後，文吉又指著鍋裡的水說:「這是甚麼?」

虛雲至此赧然無法回答。

* * *

虛雲想到那一年在黃河邊被文吉一頓鞭撈,「不知水是甚麼」，自己問，如果當時把「那鍋水踩翻了，看那乞丐怎麼說?」他這次開悟，初破「禪關」的契機是，如果他不遭墮水的災難和口鼻出血的大病，如果不能隨順周遭的人事拂逆，不能接受前輩的教化，還那有今天的「親見本地風光」! 也許這一生也就白活了!虛雲一念至此，便順口詠出一首偈語:

杯子撲落地，響聲明瀝瀝，
虛空粉碎也;狂心當下息!

這四句偈留下之後，又補上一偈:

燙著手、打碎杯，家破人亡語難開;
春到花香處處秀，山河大地是如來!

* * *

禪七完了，到第二年(光緒二十二年，一八九六)初夏，由揚州南下渡江，到鎮江金山寺掛單，參加一個三十天「傳戒」法會，戒期完了，他本來想再做遠遊，但被寺中首座大定老和尚留下，在這裡度過寒冬。過了新年，元月底，他由金山寺坐船，沿江東行，到南通的狼山，朝拜廣教寺「大勢至菩薩」道場，回金山之後，被揚州重寧寺住持道明和尚，請去協助處理寺務，到這一年四月鎮江焦山定慧寺，邀請通智法師講《楞嚴經》，聽眾車水馬龍，有千人之多，虛雲再度由揚州參與講席，通智法師請他補講《楞嚴》「偏座」❽，一個月後，講經完了，虛雲告別寺中僧眾下山。

虛雲到一八九七年，已經五十八歲，天涯海角雲遊四十年，也沒有做過住持，沒收過弟子，沒有一座自己的寺院，但是他全不介意，依然是芒鞋破鉢一身輕，到處參訪問道。

五十八歲！在十九世紀末期的中國社會，已經是一個道地的老人了！當時中國人的壽命，平均只到四十五歲❾，一個人活到六十歲，年過「花甲」，已算高壽。清末中國社會的「飲食、醫療、健康」水平，一直停留在唐宋時代，並沒有改變，中國人的壽命，一直要等到二十世紀初期，才略有上升，而真正的大幅成長，要到二十世紀五十年代以後。

虛雲和尚回想到自己活了五十八歲，人已「蒼老」，但是

---

❽ 偏座：在過去，中國佛教叢林、大剎，請大和尚（某一經、一宗的專家），來講經說法，有一定的儀規，過程頗為繁複而莊嚴，稱之為「開大座」。如「省略這些儀規」，以一般的禮儀，代替「大座」來講經，或在「大座」以外時間，代替講「大座」和尚補充經文內容，則稱之「偏座」。

❾ 在十九世紀末、二十世紀初期的中國人民平均壽命，與一千年前差距不多，主要由於醫療技術沒有顯著進步，一般平民生活水平滯留在中古時期。中國人從一九〇〇到一九三〇年間，平均壽命四十五歲，當時印度人平均壽命只有二十七歲。

並沒有見過母親一面。母親的樣子他完全沒有概念。因為他被生出來的時候，只是「肉包」，而母親卻因產後大出血而死亡。虛雲對他母親模糊印象，除了心理上有個「娘」之外，便是幼時在家中廳堂上看過一次「母親的畫像」。此後便與「母親絕緣」。每想到「母親為生我而死」，便悲從中來，痛苦、懺悔、流淚。

作為一個佛教的出家比丘，對「目犍連的故事」[10]，是無人不知不曉的。佛家大乘思想在處理生命問題的基本原則上，是要報「四恩」的。這四恩，便是「父母恩、國王恩、眾生恩、三寶恩」。「父母恩」居第一位，一個出家人，如連「父母恩」都置若罔聞，又如何以身為範救渡眾生?

虛雲和尚，因為自己萬里參訪之願已了，便特為「母親超渡」的宿願，付之實行。當時大江南北對浙江寧波「阿育王寺」供有佛的「舍利」是人人盡知的。因此，各地的男女出家眾、僧俗佛教徒，莫不以能到「阿育王寺」親瞻佛陀舍利來作為「還願」的目標。

於是虛雲便由江蘇鎮江行腳南下，走了二十多天，到了杭州灣南岸的寧波，東郊三十餘里的「阿育王山」。這座歷史上名剎，建於東晉義熙元年（四〇五），當時命名廣利寺，此後相傳印度阿育王將佛的舍利，造八萬四千座塔，供於印度古代世界地理概念裡的「南瞻部洲」（今印度南亞一帶），

---

[10] 目犍連：梵語Mahamaudgalyāyana是佛陀十大弟子之一，又是「神通第一」。他為了救母親出地獄，佛典中的《盂蘭盆經》敘述了這件事。中國的「中元節」也根據此經而產生。藉以每年在七月十五日追祭先輩。

在中國設有十九座塔，但到晉時，只剩下「阿育王寺」這座佛舍利塔，這座塔因不知何時建於此地，到西晉太康二年(二八一)， 已湮沒於山野草莽之中，卻被當時中國高僧慧達掘出，塔高一尺六寸，寬一尺；塔非石建，而是一種紫黑色非石、非鐵、非銅的礦物所雕，塔中懸有一鐘，鐘下懸一針，佛舍利則置於針下。於是到南朝梁武帝普通二年（五二二）才再加以修葺，並敕命改名為「阿育王寺」。

阿育王寺的佛舍利，相傳是佛頂骨所化。在五代以前原分山上、山下兩座塔供奉，到五代以後，只剩「下塔」。 今天的阿育王寺「佛舍利」， 是供在清初所建「舍利殿」內，這座舍利殿想是依「下塔」位置而建，然後將佛舍利安奉其中。⓫當時寧波名剎、太白山天童寺方丈寄禪和尚（八指頭陀）、 首座幻人法師，為維護「天童」寺務，請另一位海岸和尚修編《育王山志》， 卻要虛雲協助。但是虛雲來「阿育王山」目的是為母親超渡，發心大拜舍利塔，婉言推辭了。

到這一年七月二十五日入住阿育王寺的「雲水寮」之後，便為自己訂下「禮拜舍利規章」。

第一、自八月一日，每天凌晨三時起，到舍利殿禮拜，除早、午兩齋之外，拜到晚間十一點——禪堂最後一次功課結束，再入寮房靜坐休息。

第二、拜時不用蒲團（過去寺院用之以草編的拜墊)，僅將衣具鋪在地上，心中默持佛號，為母親迴向。

⓫ 阿育王遣使將佛舍利傳入中國之事，史有可疑。案西元九五〇年宋、吳越王錢弘俶曾倣印度阿育王以金、銀、銅合質造八萬四千塔（?），分供國內各地。被後世傳為阿育王遣使者來供。

第三、每日淩晨三時至晚間十一時，禮佛舍利塔三千拜。以二十八天、八萬四千拜為一個行程，這一全程，稱為「一藏」。目標是「三藏」。全程八十四天，要拜二十五萬二千拜。

虛雲和尚，自八月一日淩晨二時三十分起身，盥洗完畢，披袈裟進舍利殿，開始第一天大拜。每天淩晨至入夜共十九個小時，除早齋、午齋，全天有十七個小時都在殿中禮拜，集中精神，為母親超渡、迴向。虛雲和尚歷經四十五歲朝禮五台時，在途中罹患過痢疾、五十六歲往九華山到揚州途中因墮水而致口鼻出血等重病，可是他的意志強過身體，到今天他每天三千拜，依然是毫無倦容。

當他拜到二十多天時，有一天夜晚，拜後回禪房靜坐(以坐代眠，即「不倒單」)，剛閉上眼睛，在似夢非夢之間，忽然看見空中有一條金龍，飛降到舍利殿前水池內，身長數丈，金光四射。更奇怪的是，他自己卻騎上龍背，騰空而起，飛到一座宮殿內；這座宮殿周遭山明水秀，花木扶疏，四周房舍莊嚴美麗。當他從龍背上向一座閣樓看去，忽然發現母親顏氏在窗前向外眺望，他當時大叫一聲——「娘！請您過來騎上龍背吧！我們一同到西方去！」就在此時，這條金龍，突然向下飛降，他的夢也隨之驚醒！醒後原來依舊坐在床上，但此時身心異常清涼舒暢，而這一夢中景象，則清清楚楚，牢記在心頭。

這是他一生五十八年來，第一次夢見母親。

從這一天以後，如有人到舍利殿瞻仰佛的舍利，他便即刻參加瞻仰。因為每人每天看的舍利顯色、大小都不一樣，大家莫衷一是。虛雲也多次從供舍利的小塔前透過小玻璃窗口向裡面看，他第一次看到的舍利，如綠豆大小，成紫黑色，略發光芒。等十月十五日那天，他已拜完了「兩藏」（兩個梯次）十六萬八千拜、五十六天的佛舍利，再看一次，大小同第一次相同，但又變為赤色帶有光點放射。看過舍利再繼續禮拜，因為他急於「求得更真實的靈驗」拜得太快了些，因此全身忽然感覺酸痛不堪，而眼中的佛舍利，卻變大了，像黃豆粒一樣，半黃半白色。他由此體悟「三界惟心」之理。舍利之隨人而變，隨時而變，隨心而變，都是由於人的「根境」⓬不同而作不同的示現。

到這時，他求「靈驗」的心更切，將每日三千拜增加到四千拜，像這樣不僅體力消耗比過去多，以禪坐代睡眠的時間更少了。到十一月初三晚上，身體開始發高熱，全身癱瘓，不能起立。兩條腿也拜不下去了。到十一月六日，病情加重，被寺僧送進「如意寮」（即養病的專用房間），寺中又請醫生來看病服藥，一連十天，竟然毫無進展，只能躺在床上閉目待死。這時寺中首座和尚⓭顯親、當家師宗亮、和護法女眾

⓬ 根境：「根」指「眼、耳、鼻、舌、身、意」的基本性能，如樹之根，深入眾生「靈魂」（第八識），積久成為一種性向。「境」，是「六根」對外境接受的反映，即人若自出生後由「六根」接受環境等薰染既久，即成為一種習性。

⓭ 首座和尚：「首座」指古代叢林，僧人多至百人至千人，每天有「講經、坐禪、念佛」及「固定早晚課」，一般席次，除「住持」之外，寺中指導僧眾坐禪、解經之首席和尚，稱之為「首座」，也稱上座。在一九五〇年以後世界各地大寺院中，已不見有此一職稱。一般寺院，除住持之外，即為監院（俗稱當家師）。

盧姓居士，多方延醫救治，卻無法退燒。阿育王寺的僧眾都以為這位遊方的德清和尚完了。

虛雲在病床上聽到他們在病床邊竊竊私語，也只有閉目自責，為什麼連燃指供佛還沒有開始，就讓我捨報而去？真對不起親娘啊！

到十一月十六日上午，有八個住雲水堂僧眾到「如意寮」來看他，他們也都是為「燃指」而來，他們原以為虛雲的病不關緊要，想找他一同去燃指供佛，迴向雙親。

當虛雲閉目躺在床上，燒還沒退，耳中聽到他們談話，才知道第二天寺中要舉行「燃指法會」。他的眼睛忽然睜開，向首座和尚請求明天要參加「燃指」。但顯親和尚不准許，他說：「你的病還重哪，再燃一個手指就太危險了！」虛雲聽到首座這番話，固然覺得是愛護自己，可是這一會期過去了，自己發願報答母親的機會也就散失了。如果因為自己的病錯過了這次機會，死了也好。想到這裡，他淚如雨下。

適巧，當家師宗亮也坐在一傍，他就睜眼向宗亮師低聲說：「——你就成全我吧！只要我能報母親於萬一，我願以死相殉！」宗亮聽到虛雲和尚這番話，十分地感動，也不禁流著淚說：「你不要苦惱！我幫你就是。明天供養大眾的齋飯由我來請，我為你準備燃指的一切東西……」虛雲在床上聽到年輕的宗亮和尚熱心地幫助他完成心願，便合掌為禮，向他道謝。

到十七日早晨八時，寺中三、四個年輕的出家人輪流扶著虛雲到大殿上拜佛，然後是唱「爐香讚、讚佛偈、發願文、懺悔文……」整個進行燃指程序中，到「懺悔文」唱完，才由宗亮命他的師弟宗信，以紅棗肉、檀香沫搓成的團狀，固定在虛雲和尚的左手小指尖端，參與法會的寺眾、發心燃指的其他七、八個青年比丘，都由寺中派專人分別為他們燃小指一節。發心燃指的九個和尚，在被棗肉、檀香沫凝結的炭火逐漸燃燒到小指尖端的肉與骨節時，有一股徹心徹肺的火辣奇痛刺上心頭，但是有一股強大的願力（犧牲心）支持，他們一面齊聲稱念「南無本師釋迦牟尼佛」的名號，虛雲因為大病十天，無力出聲，但在心裡也堅忍著燃指之痛，心中默念佛號，一併為母親迴向早脫苦海；在燃燒手骨節時，最初是非常痛苦的，但等到佛號高昂地響徹大雄寶殿，心靈集中在為慈母的超脫上，於是痛苦便在心靈專一中逐漸減輕，最後竟然感覺滿身出汗、清涼暢快。當他念到「法界藏身阿彌陀佛」這句佛號時，他全身的毛孔，彷彿根根豎立起來，每根毛孔都透放出香氣。等到半小時以後，小指上的棗肉香沫和成的團狀已經燒化成灰，指尖一節也變為一團紅爛的泡狀創傷。便由助燃的和尚用一塊布包起紮好。燃指法會最後一節，是同唱「迴向文」。各人迴向不同的願力主題。有的迴向父親、有的迴向母親、有的迴向自己的冤家債主……。法會完了，虛雲竟然由地上起身，而不要別人攙扶，連自己十天的大病也彷彿消失一般，慢步向左右幫助燃指的和尚合掌敬禮。等到他回到「如意寮」坐下來之後，大家也跟了來，怕他燃指後身體受不了。但是虛雲經過燃指，這場大病就此如風飄散，他當天下午便遷出「如意寮」，到自己掛單的「雲水堂」。

到第二天，他用加鹽的水泡了一天的澡，想消一下這十多天來因為病後所留下的污垢與恢復體力；泡完鹽水澡之後，也沒有發現皮膚出現破裂或出血現象，從此，過了三、四天之後，身上皮膚逐漸復原，而他也再度賡續禮拜佛陀舍利，直到這一年臘月中旬之後，他拜完「三藏」的行程，總共二十五萬二千拜。然後在寺中隨俗歡度舊曆新年。

一八九八年（光緒二十四年）農曆正月下旬，他還住在阿育王寺，但寧波城內名剎七塔寺，因為鑄造五尺高的一口大鐘，寺主皈依老和尚、監院本來和尚，請了寧波佛界的高僧默庵法師到七塔寺講《法華經》，所以他們也來到阿育王寺，要請虛雲和尚去「助講」。虛雲不負所託，便整理隨身衣物，移住市內七塔寺。

他在七塔寺除了默庵法師開「大座」講經，他隨緣助講，聽眾除了寺內僧人，還有寧波佛界的居士，前後講了三個月，到農曆七月，他向七塔寺的皈依老和尚告辭，離開寧波，北上，去江蘇太湖西濱的宜興縣銅棺山，一個小茅庵中度過舊曆除夕。虛雲沒有固定的寺院安身，他都以因緣決定自己去留。而基本的前提是，到任何寺院、山林乃至水邊，絕沒有中斷每天四堂的坐禪與間隙中默念佛名。

不幸的是，這一年（戊戌）農曆八月十三日，中國清末發生了一件驚天動地的大事，一位信佛虔誠的烈士譚嗣同、連同另五位烈士：康廣仁、楊深秀、林旭、楊銳、劉光第這六君子，因輔助光緒政治改革，而開罪慈禧，被斬首於市，時年三十四歲。史稱這次不幸事件，為「戊戌政變」。

轉過年，是一八九九——光緒二十五年，虛雲六十歲，已度過花甲。虛雲受到北方鄰縣丹陽——結森、寶林兩位老和尚邀請，去協助他們重修「仙台觀」⓮，虛雲在仙台觀度過長夏，到初秋七月，又去隔鄰的句容縣、赤山真如寺——法忍老和尚的一個茅蓬裡，坐過嚴冬。

他到這一年底，回想自五十歲冬天，萬里雲遊，從錫蘭、緬甸，經雲貴到江蘇寶華山……，而今在江浙兩省各地掛單作客僧，又整整十年。「靜極思動」，使虛雲又動念再朝五台山，由五台山南下終南，覓地隱居修道，大了一番。內心籌謀數日，將雲遊的行程大略敲定，也準備了初期雲遊的衣物乾糧，便向法忍和尚告假，離開句容，由鎮江越江北上。

虛雲和尚這一生到此六十年，全在雲水生涯的漂泊之中，中國大江南北，各地古寺大剎，無處沒有他的足跡。在雲水漂泊之中，絕不是以「行萬里路」以滿足自己的眼界增加自己的見聞，他只是以一個出家比丘僧的生命理念，在每日行腳、或偶然掛單在某一寺院作為客僧之時，從不鬆懈自己的禪修工夫。到六十歲為止，除了經過揚州高旻寺的那次禪七開悟經驗，但他仍舊不忘「悟後起修」、徹底「了脫」的精勤；他在每日行腳、坐臥動靜之中，心念中只有「念佛者誰?」「父母未生前是誰?」結成一片明淨的天空！

在這時，中國各地一些稍有見地的禪宿，已逐漸知道有一個萬里雲遊永不休止的「德清和尚」，心靈的黑洞已經打破，此人必將是中國未來的禪門宗師，大家都在等待！

⓮ 此「觀」，顧名思義，應為道教的場所，但因觀中道士後繼無人，而為佛教人接掌，變為佛教道場。

六論*終南入定

一九〇〇年（光緒二十六年），虛雲和尚已經六十一歲高齡，在這年新春二月，由句容到鎮江，渡江到揚州，再向東北方行腳，目的地是東海縣的雲台山。

「雲台山」是在江蘇東北角境內、隴海鐵路起點的「連雲港」與新浦鎮（今連雲市政府所在地）之間，距連雲港約二十多公里、新浦十餘公里之沿海山脈，依南北向延伸，由北向南（南至灌雲縣境），分別稱為「北雲台、中雲台、南雲台」，雲台山海拔六四〇公尺，有佛道教寺觀數十座。其中主要「道觀」為三元宮、延福觀，佛家道場則為海清寺、崇善寺、圓林寺，寺側二百公尺處有「阿育王塔」一座，這一座阿育王塔也建於千餘年前，似與寧波阿育王寺之塔同一歷史來源，想是宋吳越王錢弘俶效印度阿育王，分供佛舍利在中國各地佛寺所留，此塔一直到民國時間仍保留舊觀。虛雲和尚之朝禮雲台山，就在參拜這裡的阿育王塔。

他從揚州走了近十天才到當時「海州」屬的雲台山，在山上各地寺庵乃至道教廟觀，以及吳承恩《西遊記》中的花果山水簾洞、丹霞禪師的故跡，遊覽了十天之後，拜過阿育王塔，便下山越過蘇魯邊境，向山東北方行腳，目的是遊覽泰山，到玉皇頂看「日出」。這樣又走了十天，看過紅霞滿天擁簇的紅日從東方天際升起，逐漸照遍了大地，下山後，再向東行，走了十多天，越過膠州灣，到青島東北方的嶗山，去參訪明代高僧憨山（德清）大師（1546—1623）的道場海印寺（又名「那羅延窟」），然後再轉向西，到泰山之南的曲阜，去參禮孔廟及孔陵。

他在山東境內、東西向行腳一個弧線，用了一個半月時間，然後向西行，準備穿過河北省中部到山西五台山作第二度朝禮。當他行腳還未出山東境內，有一晚夜宿一間破廟。這個「神廟」， 連一個神像、香爐也都看不到，空無一物，但正中間卻有一口破棺材，蓋子上翻，廟內除了老鼠，什麼都沒有。虛雲一看，這是一座荒涼無主的廢廟，便將衣物放在棺蓋上，將被子鋪好，便坐下準備閉目入睡。

誰知，天色過了三更，棺木蓋突然動搖起來，接著裡面有人聲吼將起來——「我要出去！」

虛雲和尚被棺木中的吼聲震得連忙俯身向棺材蓋子下面回話：「你——是人？還是鬼呀?」

「我是人呦！」

「那——你是什麼人呢?」

「是討飯的！」

虛雲和尚一聽，棺材裡竟然睡著一個乞丐，也忍不住笑了起來，接著側身站到地上，讓那乞丐將棺蓋掀開，身子斜傾在棺上，然後冒出個黑漆髒亂的頭來，等這乞丐爬出棺材，虛雲和尚細細一看，這人又黑、又醜、又髒，比鬼還難看。

那乞丐出了棺材面對虛雲和尚，就問：「你是什麼人?」

虛雲說：「我是和尚！」

那乞丐一聽是和尚，覺得好對付，便大聲叫罵:「你是什麼東西，敢壓在我頭上?」 然後兩隻髒手在空中抓撓，好像要向虛雲衝過來的樣子。

虛雲和尚是老僧入定，平靜地說:「我坐在棺蓋上，你動都不能動，還說什麼打架！算了吧!」

虛雲說後，望乞丐笑笑。那乞丐覺得說的也是，便洩了氣，自行走出門外，尿了小便，回頭再走進棺內，又睡他的大頭覺去了。虛雲親身經過這一小段鬧劇，便依舊爬到棺蓋上坐了起來，閉目直到天亮，收拾一下行囊，向西行腳。

當時清廷正面臨著「義和團」——為「扶清滅洋」，在中國北方幾省鬧起「紅槍會」組織，民間到處聚集著年輕人，「頭戴紅巾、吞符、練刀槍不入」的把戲，他們以為這樣「洋鬼子」就挺不住了。

虛雲在山東接近河北邊界，有一天在路上遇見一個外國兵，被攔了下來，問他:「不要動！你怕死嗎?」虛雲平靜地說:「隨便!」 那外國兵除了一兩句中國話，什麼都不會講，但他看虛雲這個和尚又高又瘦，又漫不在乎，便用僵硬的山東話說:「——你走!」虛雲和尚到此時已經警覺到北方隨處都可能遇到外國入侵的軍隊，便加緊進入河北境內，從西北石家莊一線，向山西北境五台山走了二十多天，趕到五台山，在東、西、南、北、中五台各地名剎禮拜之後，本來想再去陝西終南山隱居修道，但是因為到處烽火連天，食宿不易，無法南下，只有轉道東行，回到北京這個清末皇城，在北京逗留期間，他一本初心，遍參京郊各地佛寺，像房山石刻大藏經、西郊名剎戒台寺、飛錞禪師靈骨塔、紅螺山資福寺念佛道場、姚廣孝鑄造的「八萬七千斤」銅鑄的「大鐘寺」,這座大鐘高五公尺，鐘內刻《法華經》一部，鐘外刻《華嚴經》一部。還有西域寺、潭柘寺的一個「異行和尚」❶，最後在北京內城正陽門（今「前門」）西南角五里的龍泉寺❷住了下來。

這時已到農曆四月底，義和團到處興風作浪，遇洋人就殺，北京城內外，到處是紅頭巾、赤膊、提大刀的殺手，他們響應慈禧太后的懿旨，配合清兵以驅逐洋鬼子為職志，在五月十七日到十九日，包圍各國大使館，先後殺了東交民巷的日本使館一個書記，還有德國大使館的公使與教民三百人，引起當時在北京駐有使節國家的公憤，當時包括英、美、法、日、德、奧、俄、義等八個國家，便聯合組織海陸軍，由塘沽陸續登陸。農曆五月二十五日（陽曆六月二十一日），慈禧以光緒皇帝名義下詔與各國宣戰，她以為有「義和團大刀

❶ 異行和尚：此人當時在北京西郊「西山」的眾多佛寺中，住在門頭溝區的潭柘寺。其人史實不明，其日常行止，可能是「不倒單」，日食一餐、衣履破舊、終身禁語的無名修道者。

❷ 龍泉寺：北京城內與郊區，在清末以前有兩座「龍泉寺」，一在香山之西北方、距海淀區約十餘公里的古寺。虛雲和尚住的「龍泉寺」在北京內城正陽門（即今「前門」）外偏西南角、五華里的龍泉寺，其地理位置應在今外城——永定門內，偏西，接近（今）法源寺不遠的城區。此寺在《畿輔梵剎志》所收，最早的紀錄「明〔憲宗〕成化間（1465－1487）為僧智林修復」。但今天北京城區已無此寺的蹤跡，想係民國以後，中共文革時再度被毀。

隊」的「刀槍不入民團」與洋鬼子決一死戰，一定會打得外國人抱頭鼠竄求饒。

由於清廷對外宣戰，八國聯軍則又從塘沽陸續進軍天津，天津的清兵不敵，七月十四日（陽曆八月八日）失守。到一九〇〇年七月二十日（陽曆八月十四日）八國聯軍攻陷北京，打得「義和團」作鳥獸散，「刀槍不入」是一片謊言，而慈禧到這時才知洋槍大砲的厲害，可是已來不及了。

七月二十一日（陽曆八月十五日）慈禧由率領殘兵敗將的軍機大臣榮祿、端親王載漪、載瀾、北京城防護軍主將董福祥，這些清末王朝的近衛軍二千多人護衛，並帶著光緒皇帝、皇弟溥儁，在這天清晨，從北京王宮出走，向山西方向奔逃。❸

慈禧雖然跑了，最後從冀西的阜平縣境內入山西，經雁門關、太原、越山西南下入陜，到達長安，在長安避難到一九〇一年（光緒二十七年）七月二十五日（陽曆九月十六日），由李鴻章代表她和八國聯軍簽下了喪權辱國的「辛丑和約」，一個月之後，即八月二十五日，她帶著「光緒、榮祿、鹿傳霖」這班人，離開長安，十一月十五日回到北京，重掌破碎的政權。

且說虛雲和尚，自一九〇〇年（光緒二十六年）農曆四

---

❸ 案：八國聯軍進北京，慈禧於庚子七月二十一日開始逃亡的路線，史家如黎東方的《細說清朝》（下）所指，係向北京西北張家口方向逃走，但《虛雲和尚年譜》〈庚子年〉條，則稱他們是向北京偏西南經阜平縣入山西。陝西巡撫岑春煊即率兵在阜平迎接慈禧，輾轉避難長安，直到次年「辛丑和約」簽後回京。

月底，住進北京正陽門外的龍泉寺，經過義和團之亂與八國聯軍佔北京之前夕，北京人心惶惶，一些信佛的王公大臣、旗人世家，為了躲避外國軍隊的掠殺，便躲到佛寺裡來，在龍泉寺也有些王公在這裡避難，因之與虛雲相識，在慈禧帶著榮祿一班人出京逃難，前一天已有消息，他們勸虛雲和尚和他們一同逃吧！因此，在第二天凌晨天未大亮，便隨著慈禧的逃難王朝鑾駕，向西逃去。這時清兵和王公大臣，還有些王族人家，也就不分貴賤混在一起，車馬人群，手挽肩挑，有二里多長的清宮難民群，就這樣走了兩個多月，到九月初四，才到達陝西長安。由陝西巡撫❹岑春煊（1863—1933）安排慈禧和光緒的臨時寢宮。虛雲夾雜在數千人的軍民群中，這時已不分你是王侯與兵卒，每天朝行夜宿，日夜兼程，在遍地飢民、無以為生之窮鄉僻境，連慈禧太后也吞地瓜葉，光緒帝也飲吞河中污水。

可是，虛雲和尚在人群中，並沒有「覿面見過聖駕」，只是隨地而安，隨緣而宿；好在他已走過萬里路，這一趟逃難二千多里，不算辛苦。當他們到雁門關的雲門寺，光緒還賜給一位一百二十四歲老僧一幅黃綾，到了長安之後，又命臣下設很多「施粥廠」救濟災民。慈禧與光緒皇帝帶著宮人及侍衛都住在城內柏樹林東的古剎臥龍寺。

當時岑春煊知道逃難的鑾駕行列裡，有一個「德清和尚」，便請他在臥龍寺，與寺中僧眾，建一場九天的「息災大法會」。❺

---

❹ 巡撫：為清代官名。主管一省的軍政大權，略似民國以後的省主席。

佛事完了，臥龍寺方丈東霞老和尚留他就在那裡常住，可是虛雲和尚看到當時長安城因為慈禧與光緒皇帝在這裡設了行宮，市面顯得十分繁亂，便沒有向寺方任何人「告假」，便悄悄地離開長安城區到他曾經隱居修道過的終南山，這裡離長安城只有四、五十里，他進入山區十五里，破石山的嘉五台（護國寺）後面的「獅子岩」這個山嶺上，為了這裡地處偏僻，自己找個山民，蓋了間草屋，並且又將「德清」的法號改了，以「虛雲」為名，以杜絕外界的干擾。

這一年是一九○○年（光緒二十六年）農曆十月下旬。此後一生，便以「虛雲」二字，成為中國歷史上的末代禪師。

終南山，是秦嶺山脈陝西境內偏南的古代山名，終南山由陝西境內從西向東綿延千餘里，在長安城之南，橫亙數百里，其中有不同的「山、岩、峰、谷」名稱，山區有佛、道二教數以百計以上的寺院宮觀，而又以佛教歷史上的名剎最多，像鳩摩羅什譯經的「草堂寺」，唐代道宣法師的道場「淨業寺」，唐代優鉢大師飛錫的天池寺……。

終南山，地處西北內地，天乾，常年缺水，直到初冬落雪。虛雲和尚在無水可用時，便只有取雪代水，另又自種山芋、野菜與些許小米為食，從此安心坐禪修道。

---

❺ 案：岑春煊自一九○○年農曆七月底，在河北境內阜平率軍「勤王」，一個月後（約農曆九月）到達長安，就在長安城內臥龍寺為慈禧啟建七旬大壽的法會，虛雲曾陞座說法。到次年，即辛丑年春間，再度啟建一次「息災法會」，亦有虛雲和尚陞座說法。但兩次法會主持的和尚，可能是臥龍寺當時的方丈東霞。此說見《虛雲和尚法彙》頁9。

此時山區周圍，也有不少外地來的獨修和尚，有不相識的，但也有舊識。像住在周遭山區護國寺的本昌老和尚、關帝廟的妙蓮師、五華洞的道明師、附近一座舊茅蓬的妙圓師；另有修圓、青山兩位法師住在護國寺的後山茅棚。青山和尚是湖南人，行持嚴謹，精勤不懈，頗為山中諸寺的出家人尊敬。由於和虛雲住的地方只有一里地之遙，一方面由於鄉音相同，來往較頻。

其實，「德清」之名，在國內禪宗道場已大名遠揚；等到法號改為「虛雲」，相識者知為昔日的德清和尚，不相識者，便不知他是禪宗大德的「古巖・德清」和尚。

到這年十一月十二日冬至，鄰近鄉友青山老和尚請虛雲到長安市內順便帶一些過年的食用物品到山上過冬。虛雲為了替年長十多歲的老和尚分勞，便收拾下山，去了一天，到長安城買東西，因此也不免在城內臥龍寺又掛了兩天的單，再想回山，天氣卻陰霾重重，一清早已漫天落雪。於是急忙上路，走到中午入山，在山裡一座新建好的茅蓬邊，再經由一道窄狹的懸崖返回自己的住處，想不到因大雪漫山而地滑，一不留心，便跌到崖下一個石窟中，人夾在裡面，又冷又濕，不得已，只有向曠野大聲呼救，直到二百公尺外一個獨居修行的一全和尚，聞聲趕來，用繩子垂下，將虛雲拉上崖壁小徑，此時他的棉衣內外全濕，天已黃昏入夜，一全和尚請虛雲暫住自己小茅庵一晚，再回住處，但虛雲唯恐大雪一旦連綿下個三、五天，山裡小徑會埋沒，到那時再也無法回去了，因此被救之後，向一全道謝一番，又拖著疲倦的身體，連夜摸黑，在大雪中走回自己獅子岩住處。但途中先行到鄉友青山和尚的茅棚，稍息片刻，把長安買來的用品交給他，青山看到他一身狼狽，不禁笑了起來，恥笑他這麼「無用」，他也只有苦笑回應，再趕回獨居的茅屋，天已近二更。

他在這個新建的嘉五台（正名護國寺）後面獅子岩上一座小茅棚❻裡，度過了一九〇〇年之冬，到一九〇一年（光緒二十七年）農曆八月間，有一天上午，忽見昔年在安徽九華山相識的老友──復成、月霞、了塵三位道友連袂找到自己小茅舍來，他們進門，一眼看到虛雲和尚就說：「好幾年不知道你的消息，想不到你竟睡在這裡！」虛雲笑面相迎，半機鋒回道：「這裡且置，如何是那裡?」❼

老友相逢，先行互相頂禮之後，相敘一番，然後虛雲奉上一缽子煮熟的山芋（地瓜）來，大快朵頤一番，到了下午，虛雲親自送他們到前山護國寺去掛單休息。

---

❻ 茅棚：為佛門習慣用語。所謂「茅棚」意謂「最簡陋的獨居、草建」的隱修之所。「茅蓬」則建於山林間稍大於「茅棚」的修行處，大的「茅蓬」，也可能住十餘人共修。不管是「茅蓬」、「茅棚」，都指以當地樹木、草柴自建的獨間或兩間的修行房舍。不似寺庵之建築，以「磚瓦木料」較堅貴的材料建築為永久道場。像虛雲和尚在許多山林間，自建茅蓬或「茅棚」修行，多為一小間，最後均一走了之，使之為廢棄物，最後作為柴草被山林住戶收走作為燃料。

❼ 「這裡且置，如何是那裡?」：是禪家機鋒語。意思是「你說我睡在這裡，我們且不管，但我要問，什麼地方叫做那裡?」──這明明暗示「這裡、那裡」是不存在的。俗人的「這裡、那裡」是他們的行止空間，在修行人說，只是「方便」，沒有形相的！

在相伴到護國寺時，途中月霞法師就說：「句容赤山真如寺法忍老和尚不喜塵囂。他如今正在漢陽歸元寺講《法華經》，一講完，便有意到終南來隱居修道，他囑咐我們先到這裡為他找一塊地，好蓋一間山寺修道——你能伴我們去看看嗎?」

虛雲和尚，二度來終南山，其目的無非是放下一切，決心在「心地」上見個真彰。既然他自己蓋了一間小茅屋，一天四次定時打坐修禪，不見本來面目決不終止。如今，幾位老友約他去找地為法忍老和尚建新道場，如果這樣一跑，也許十天半個月沒完沒了，工夫又斷了線，所以對復成師他們抱著十分的歉疚，說自己正在工夫頭上，放下來又不知要多久才能上道，因此辭掉他們的邀約，他們去後，自己繼續苦修，過了些日子，又在護國寺打了一次「禪七」，這個時候，那三位為法忍和尚找土地的同道，也分別安住在附近的茅蓬裡修行，一面請本山附近寺院的化城、引月、復戒三位較年輕的和尚，繼續去找地。

有一天，化城師從破石山的西南方十多里翠微山附近看地回來，說這塊土地非常適合。因為如果要建寺，這佛寺山門必須向北，而後面又沒有山巒作為倚靠，就地理形象看來怪怪的。虛雲和尚本身過去曾熟習過「堪輿學」，就對他們說，地形的位置雖然不錯，但是寺門面向北方，冬天寒風直灌，後面沒有山巒作背景，夏天也難免沒有山林來消燠熱，寺院即使蓋起來，從後面看好像懸在空中，取景上不美觀啊！話雖這樣說，到後來，這間道場還是蓋了。

虛雲和尚只是提供地理上的看法，說過也就罷了，自己修行事第一。

他在大雪埋山的小茅棚度過光緒二十六年（一九〇〇）除夕。一直閉門終日苦參「何處是家鄉?」 到仲夏五月，聽鄰棚道友傳說，江蘇句容的法忍大和尚的新道場蓋好，人也從漢陽來了，住在翠微山的新庵，同時又帶了六十多個人來。但臨時因房子不夠住，分一半人住到長安城內大興善寺與山腳下的皇裕寺❽，住了不久，卻因為當地山民，認為陝西提督蘇曜森❾，將山下百餘畝一片水田捐贈給法忍和尚，他們以為這塊地已有很多代租用種植，如果這片水田，捐給寺中，寺中就應找另一塊土地給他們作田，法忍無法答應，因此山民告到長安官衙，法忍敗訴，悶氣鬱結於心，拖到一九〇二年（光緒二十八年）春天，將新建的寺中一切交給體安（原長安大興善寺方丈）、 專宏華嚴學的月霞二師，其他人皆作鳥獸散。這新建不到一年的道場就此沒落。一瞬眼，一九〇一年（辛丑）農曆隆冬已盡，虛雲在大雪滿山、嚴寒徹骨中，每天閉門以自種「山芋」維生，終日參禪，身心了無罣礙，明明淨淨，法喜無限的住於「入定，出定」的歲月。

有一天，上午是他第二堂坐禪，面前小土鍋內，還煮著幾個地瓜（陝人稱為紅薯）， 他一面結跏趺坐，一面參禪，

---

❽ 皇裕寺：在終南山下。此寺原為唐玄宗（明皇李隆基）避暑勝地，後建為寺。

❾ 蘇曜森：時為陝西提督。「提督」為清末民初官名，司一省的「軍務」，大約等於民國的「省保安司令」，今之「省警備總司令」。但清末也有某些「府衙」所轄地區，設有「提督」， 猶如民國以後某一地區的「駐軍司令」。 蘇曜森，從長安法會得見虛雲和尚，此後若干年，曾為虛雲之「護法居士」。

想不到一坐就把時間消滅了，在定中的清明愉悅，沒有一絲牽絆，所謂「定中」的滋味，是一般世人所無法了解的，就這樣一直坐下去！

這一坐，坐過一九〇二年（光緒二十八年）新春，到了元宵這天早晨，他依然「如如不動」。可未料到，為法忍和尚找地、自己卻在隔鄰山中靜居的老友復成師，因為新年過了，一晃又到元宵節了，都未看到虛雲，便想去他的小茅棚看看，順便拜個晚年。想到這裡，也就踏著將化的雪來了。

復成法師走到他的小茅屋門外，看一扇門虛掩，便繞行周遭一圈，卻發現有很多老虎腳印，但沒有人走的跡象，心中不覺忐忑不安，想到這，便用手推動小木門，門應手支開，入眼的虛雲，正坐在飯鍋前二尺遠的一隻草蒲團上，垂目打坐！因為在終南山中修行的獨居和尚，多半都是此中行家，只是各人工夫深淺不同。此時他觸目一見虛雲入定，便輕輕從屋內小佛像上，取下一隻小磬，便用右手持木錘「蒼——」輕聲敲了一下。虛雲本在「定」中，忽然有磬聲在他耳邊長鳴，他便搖動一下身體，緩身下坐。抬眼一看，見是復成師站在面前，忙不迭說道：「失迎！失迎！請坐！請坐！」

復成師找了另一隻蒲團坐下，便說：「天已近午，你吃飯了沒？」

「沒！沒！山芋在鍋裡，熱得很呢！來吃吧！」

虛雲說著便伸手去揭小鍋蓋子。蓋子拿開一看，奇怪了，「山芋不是煮熟了嗎？又怎麼上面長了一層白毛呢？」又用手捏捏，好硬，像石頭。復成也看到這一景了。不禁驚詫得大聲起來：「德清老哥！你什麼時間煮的地瓜呀？」

「是剛一個時辰吧!」

「是啊! 沒多久唉! 好奇怪喔?」復成說。「老哥! 你知道今天是什麼日子嗎?」

「殘年歲底——臘月二十九了!」

「臘月二十九? 今天是光緒二十八年正月十五日喲!」

「哦——你說今天是正月十五日? 那有這回事?」

「你! 你坐了半個月了啦! 我是來賀你的元宵節囉!」

說罷二人相擁而笑。然後虛雲又重新燃柴，再以雪水煮一鍋山芋，吃飽之後，合掌道別。

誰知復成師走了以後，不到三天，虛雲入定十五天的消息傳遍終南山僧俗耳中，再由終南諸山寺庵出家人口中，傳到長安各地名剎佛寺，不到半年，已傳遍中國各地叢林寺剎，因為一定十五天，畢竟這種工夫不是一個野狐禪所能承當。

於是正月二十日起，便有僧俗不同人氏陸續從鄰近與長安附近各縣，入山到虛雲的小茅屋，來親眼看看這位「入定十五天不吃飯」的和尚廬山真容。

因為日子一久，人越來越多，虛雲感覺修行的時間都被這些訪客消磨掉了，無法之下，只有挑著一肩行李，乘著一個黃昏近夜無人看到的日子，消失在荒山野地的山林之中。

虛雲一個人在夜中走到天明，下了終南山北麓，然後向西北方，經首陽山北坡，走了三天，到達太白山，找到一個岩洞，又穴居起來。但住不到十天，另一位老友，也是獨居潛修的年輕禪客——戒塵和尚(1878—1948)卻跟蹤找來了! 這位佛道上的法將，對終南到太白這一線秦嶺山脈，凡可供出家僧侶修行的道場、茅蓬、岩洞，已經有個了解，他知道虛雲遁世苦修的決志，等他找了七、八天，沿路打聽虛雲的蹤跡，終於在太白山一個岩洞中找到了。二人見面，當時二十五歲、出家六年的戒塵和尚，也是日後虛雲開山建大叢林的重要副手——這位年輕法侶，首先提出「遠遊」的想法。他說：「現在全天下的人都知道你是個奇人異士了。你逃也逃不掉，在太白山不到半年，一定又有許多人來看熱鬧，我看，我們走吧！離開陝西，就沒有人知道您老了！」

虛雲和尚一想，這倒也對。兩人相商，先去峨嵋吧，那裡也是重遊之地，再去雞足山朝拜。於是他們相偕，從太白山南坡出「寶鴨口」，經紫柏山區，過妙舌子——陝西境內秦嶺西線，先看一下「張良廟」，再從陝西邊境入川，從昭化縣向南，前後走了二十多天，到成都，找一間佛寺，休息幾天。然後南下從樂山縣（舊名嘉定）經峨嵋東麓上山。在山區走了兩天，沿途瞻仰些佛寺，直達「金頂」。虛雲和尚是舊地重遊，戒塵法師則是第一次到峨嵋看「佛光」。虛雲和尚天下名山已經走遍，他發現「峨嵋金頂、五台山的智慧燈、雞足山的佛光」都是同一樣的午夜奇景。

他們在金頂看過佛光之後，到附近的「錫瓦殿」先拜訪七十多歲的方丈真應老和尚。這位老和尚，是峨嵋山區所有佛寺的精神領袖，也是一位禪門大師，他們在錫瓦殿與真應老和尚歡聚五天，然後再沿山徑北行，經「洗象池、大峨寺、長老坪、毗盧殿」，下山，入峨嵋縣境，再經夾江縣境，在一個叫做「銀村」的小鎮，從流沙河渡口上船，準備從這裡坐一天船，渡過一段狹谷，然後南下，直奔雲南大理。

誰知他們在清早剛上船的時候，正逢上游初夏大雨，河水急漲，他們在渡頭從清晨等船，直等到太陽正午，船到了，凡是候船的人都上了。虛雲和尚讓戒塵師先上去，自己把行李遞給他，誰知正當他將行李遞上船，要跨步登船時，而岸邊樁上繫船的繩子因河水大漲而掙斷，再加上河水由上游山間急洩而下，船沒有繩子固定，虛雲在驚險萬狀中抓緊船弦，當船向河心急漂時，將他拋下河水，整個人陷入急湍之中，上下不得。再加上小船上擠滿了人，只要有人移動，船身不穩，就可能翻覆，那樣全船的人可能就凶多吉少，全部葬身魚腹了。虛雲在緊急關頭，只有抓緊船弦，隨船漂流，屏住呼吸，動也不敢動，隨急湍而下，人全身泡在水裡，只有雙手和頭緊貼船邊，就像這樣，一直到天近黃昏，船在急流中南行近百里，著了岸，船夫將繂繩丟上岸，由岸邊渡頭的工人，將船繫好，大家下船。虛雲這才放下疲累、冷濕浸水的身子，被大夥拉上岸，而他的僧衣、褲鞋全被河底嶙峋石塊扯碎，兩隻腳也被石尖刺得到處是傷口。

到後來，他回想自己的生命，彷彿孤雁一般，漂流千山萬水，出的糗事，還真不少。第一次是五十六歲（光緒二十一年六月二十八日），從安徽九華山去揚州打禪七，在荻港堤上落水，漂了一天一夜，到南京附近采石磯被人救起，得了一場大病。第二次是六十一歲（光緒二十六年，一九〇〇）農曆十一月冬至時，往長安城內買用品回終南山茅棚，不料在山徑中陷入雪窟，結果大叫，被鄰近和尚救起。這一次落水七個小時，受盡了生命不保、冷濕痛苦煎熬，是第三次大難邊緣，真是人生隨處都是陷阱啊！而今已是六十四歲的老人了。

他與戒塵離開渡頭，時間雖已到農曆五月，但是川康邊境高原地區，寒雨霏霏，他們步行一個多鐘點，到了「曬經關」這個小鎮，找旅店住時，老闆拒絕。中國自宋明「朱程」理學勃興以後，一般所謂「讀書」人家或官商，視出家僧尼為「不祥之徵象」，這到清末時期，有些佛教封閉的地方，依然是這樣。一早看到出家和尚、尼師，難免會吐一口唾沫消災。這個店老闆不是沒床舖給這兩個和尚住宿，而是怕觸了霉運。

虛雲無奈，在一條小街上尋找住的地方，結果在街後二百公尺處發現了一座小神殿，內中卻有一僧看守，虛雲向前施禮，請他收留一宵，那逐飯僧冷眼不答；再三懇求，那僧人說：「喏！場子邊的求神戲臺底下可以住啊！」虛雲和戒塵師一看，地上一片水漬，又加虛雲在流沙河裡被河水浸泡七、八個小時，一身濕透，便拿兩文錢，向僧人買一小捆稻草，一半鋪地，一半燒火烤衣服，結果那僧人倒拖來兩把稻草，卻是濕的，點火卻燒不著。無計可施之下，只有忍飢受寒，在戲臺底下與戒塵坐到天亮；再到小街上買兩三塊蕎麥餅填肚子。最後強忍著一身濕痛向南行，就這樣直到天氣放晴，邊走邊讓太陽和體溫將衣服烘乾，走了二十天，他們坐船時，已入當時的西康境內，這樣從西康越過川康滇邊區山脈、由北向南綿延、大雪山中的一座小峰火燃山，沿途經「建昌、寧遠、會理……」，到毗鄰西康的雲南永仁縣入境。

四川之西，西康、雲南這一帶高原，山脈河流，全是由北向南綿延，江河溪水，全在狹谷中奔騰激湍。山脈如高黎貢山、大雪山……，江河如金沙江、大渡河、怒江……。虛雲與戒塵兩位出家高僧，在這斷崖峭壁急流奔湍中行腳，入了雲南省境，沿途遇寺剎聖蹟，不變初心，依然恭敬瞻禮後再走。他們在永仁縣瞻禮了一處「觀音菩薩聖地」，然後再渡過金沙江西南行，直到大理府、賓川縣境內西南角的雞足山麓，他們每到無處可掛單之地，總是找一棵樹下打坐而眠。

因為雞足山，也是虛雲第二次來朝禮，路途並不生疏，當他們到達「迦葉殿」時，又聽到寺前石門之內有一陣輕揚的「木魚聲」。這是一種神秘的經驗。事實上一般遊人並沒有聽到木魚的聲音。

他們走上雞足山最高峰——與峨嵋同名的「金頂」，到各地寺庵敬香完了，忽然想到雞足山的佛教寺院不少，有幾十間，可是外來的僧人卻不容掛單，由於這裡自明代以後，寺院的僧規，已形成「子孫廟」制度；不是「世代師徒寺產傳承」，不接受外來的僧尼駐錫，他們不接納任何外人入內一步。不然就是「父子相傳」，俗衣俗服，把持寺院，這一傳統，使佛家戒律，棄之如敝屣。在佛門內，娶妻生子者有之，食肉飲酒者也有之。至於細微的生活倫理，破壞佛家清規就更不堪設想。

虛雲看在眼底，自己偏又是一個以傳承釋迦牟尼大法為己任的禪和子，怎樣也難消化這一「末法」現象；他本來想在山裡建一座小茅庵，來接待朝山的僧俗佛教徒，剛提出這一構想，傳到本山寺院主持人耳裡，卻又遭到排擠反對，嚴加拒絕。雖然他與戒塵在山下盤桓幾天，吃睡都在野外，這已是他的生活習慣，也不覺得辛苦，但是想到佛法要消滅在一群出家的敗家子手裡，就不禁熱淚盈眶。他對自己以生命來依託的釋迦教法之綿延，覺得比自己肉體生命苟活在世間重要得太多了！

在雞足山，人單力薄，得不到支持，便和戒塵再東去雲南省府昆明。虛雲和尚在中國境內，此時已獲得大多數僧俗兩界的肯定與景仰。只要有佛教大剎與佛門大士的地方，他總會受信徒擁戴與護持。

到了昆明，他被一位皈依弟子岑寬慈所接待，掛單在郊區金馬山的興福寺⑩，不久，便決心在這裡閉關，大死一番。而為他照顧衣食及應酬外界拜訪的人，便是戒塵和尚。這是西元一九〇二年（光緒二十八年，壬寅）農曆八月間事。

時間久了，昆明大小寺院和信佛人士，都知道興福寺來了一個已經開悟，一定十五天的虛雲和尚閉關了。

到一九〇三年（光緒二十九年）十一月間，虛雲仍在關中苦修，昆明的迎祥寺一個僧人，到興福寺順便帶一隻被信徒放生的大公雞來，到關房外，請戒塵和尚傳話，想讓虛雲和尚開示一番；原因是這隻又紫又黑毛色交雜的大公雞，重達五斤，凶狠好鬥，不僅與牠碰面的雞，被牠啄得遍體鱗傷，羽毛飛散，就是貓狗鵝鴨也不放過。對人也是一副凶像。這個僧人把雞用繩子捆著，帶到關房牆邊一扇小門邊。等虛雲打開小窗門，僧人先在窗前向虛雲頂禮三拜，再述說原委，最後請虛雲加持一番。於是虛雲雙目微閉，低聲地說：「這樣好了，我為牠說三皈依吧！讓牠消去凶性念佛好了！」

於是虛雲和尚從關中伸出瘦長的手掌，輕按這隻大公雞

---

⑩ 「興福寺」，初見《虛雲和尚法彙》十一、十三兩頁之〈上堂法語〉，《年譜》則作「福興寺」，暫從《法彙》所記。

的頭，對公雞說皈依詞：

> 願爾今後消弭瞋恨心，放下業報身，盡形壽皈依佛陀座下——
>
> 一、皈依佛，不墮地獄！
>
> 二、皈依法，不墮餓鬼！
>
> 三、皈依僧，不墮畜牲！

然後微開雙眼，向公雞默視片刻，再叮嚀那中年和尚，可以回去了。誰知道這隻大公雞，被帶回原寺，過了不久，牠的凶狠見雞就張翅惡鬥的架勢就慢慢停止了，每天，牠一個獨棲在院中一枝樹幹上，寺中和尚撒米粒時，牠飛下來啄些吃下去，有水便飲一些水，否則一直登在樹上，不吼不飛，有蟲也不吃了。時間一久，寺裡鐘鼓長鳴，早晚課頌時，牠竟然飛下樹來，跟著出家人上殿，人家梵唄、誦經、念佛，牠也緊緊地跟在那裡聽著，功課完了，牠再直飛上樹。寺中和尚教牠念佛，牠也會「佛、佛、佛……」佛將起來。這隻雞過了兩年之後，在一天晚課完了，就在大殿門外，站著仰起頭，張著兩隻翅膀，扇了幾下，作「佛、佛、佛」的樣子，就這樣死了。當時寺裡出家人看到這種情況，並沒有人驚動牠，過了三天之後，還是站著，作「念佛」狀。最後以木龕把牠的遺體裝好，再瘞埋在寺外菜園子裡。後來，虛雲和尚聽到迎祥寺的人傳來雞的「生死」訊息，非常感動。因此，寫七律一首為「銘」，來作為紀念。

虛雲和尚的一生，有許多寫不完的「奇事」，這次為公雞

皈依的故事，是其中的一個。⓫

⓫ 定：本章所講的「定」，案梵語為samādhi，音譯作「三摩地」，或簡譯為「三昧」。義為「正定」，或「定」。意指修行佛道之人，靜坐時，精神集中注意某一點，直到「意識流」消失，心地靈明無物。到此時如保持下去，即可入初禪直到四禪，乃至「滅盡定」，入「無生忍」，證阿羅漢果位。

七論*曼谷潮音

西元一九〇四年，也就是光緒三十年的新春二月，虛雲和尚六十五歲。

當時昆明的僧俗兩界都對他有無限的仰慕，上從清廷的巡撫、提督，下到販夫走卒，無不希望皈依座下，親受教誨。他在關中，這時只有一年五個多月，而昆明歸化寺的方丈契敏和尚和一些護法居士到興福寺❶來，在關前求見。他們虔誠地請求虛雲老和尚能破例出關，到他們寺裡去開講大座佛經。虛雲和尚難拂昆明地區眾多信眾的盛意，便破例出關，到歸化寺講了三十天的《圓覺經》和《四十二章經》，講經圓滿之後，受信眾請求舉行皈依典禮，當時，皈依座下為「佛弟子」的寺內外信佛者有三千多人。皈依典禮之後回到興福寺，到了七月間，又被「筇竹寺」的夢佛和尚請去講兩個月《楞嚴經》，講完《楞嚴經》，筇竹寺再請求虛雲和尚傳七天的「在家戒」❷；虛雲和尚在昆明一連串的講經、授皈依禮、

---

❶ 興福寺：見前註。此寺在昆明，今無法查證，仍依《法彙》入書。

❷ 在家戒：佛門「戒律」，分「出家、在家」二大類。出家分「比丘、比丘尼、沙彌、沙彌尼」四種，在家分「優婆塞（男居士），優婆夷（女居士）」二種。在家戒再分為(1)基本五戒、(2)菩薩戒，六重二十八輕。可參看《在家菩薩戒本》。

傳戒的活動，傳遍雲南各地，由於雲南本來與南傳佛教❸的緬甸、西藏密宗、西康邊界毗鄰達一千多公里以上，當地少數民族，如：納西、擺夷、傣族、白族，受到南傳佛教與藏密影響很大，再加中國大乘佛教有昆明與大理一帶的寺院建立，因此「南、北傳、顯密宗派」在雲南形成一種特殊的佛教信仰景象。

此時距離昆明西方三百公里的「大理」官紳，像當地的軍事長官（提督）張松林、李興福，到昆明來把虛雲接到大理城中的崇聖寺講《法華經》三十天，講後又有二千多人皈依為弟子。虛雲在講完《法華經》， 本意再返昆明，但當地軍事長官之一的李興福，懇留他駐錫崇聖寺，宏揚教法。

虛雲這一生到此時已出家四十六年，其中有三十多年徜徉在千山萬水、高山深谷、朝山拜佛、隱居修道的獨修生活裡，不涉及繁華社會。如今一旦請他常住大理，深怕自己「入世」太深，就回答李興福說：

「我不住城市的原因是，多年前就發了心願，要到雞足山掛單，順便恢復『大迦葉』的道場，但雞足山上的佛教寺院，早已淪為『世俗相傳』的世襲香火，他們拒絕接納我這個外地和尚掛單修行宏法，今天如果你們諸位護法能為我找一片土地，在雞足山成立道場，接受四方僧眾掛單，以挽救雲南佛教危機，恢復千年前佛教舊觀，這就功德無量了！」

他們聽到虛雲這一番沉痛語言，一方面感覺雞足山也是

---

❸ 南傳佛教：指自釋迦牟尼入滅以後，由印度阿育王之子，摩哂陀等傳到師子國（今斯利蘭卡）、及以後之緬甸、暹羅等地之佛教。東漢以後傳至中國之佛教稱「北傳佛教」。

大理北郊一個佛教聖地，虛雲和尚能將這一片古剎恢復昔日容貌，也無異在大理常住了。因此大家都十分擁戴他的宏願，接下來他們便交代雞足山所轄的賓川縣知縣張某為虛雲在山上找到一間無人居住的破僧院，那便是數百年前佛法最盛期的「缽盂庵」。虛雲在半個月之後搬上雞足山，臨時搭一間草屋，接著再興工加建幾間僧舍。這裡雖沒有正式寺院磚瓦建築，也沒有隔宿之糧以維生活，但是遠近各地出家人，聽說禪門大德虛雲和尚到雞足山來了，便紛紛行腳到這座破庵裡掛單修道，而虛雲也無不歡迎禮遇，請他安單，一日四次功課，不斷講經論道。

缽盂庵的破牆外，右方十多丈遠有一塊巨石，有礙日後山門的視線，本來虛雲想在這裡開鑿一個「放生池」，但是工人到了之後，對這塊一丈高、七八尺寬的大石，都無法可想，斧頭、鐵錘奈何不了分毫。但這塊大石塊頂端卻有一片數尺平方平坦處可供打坐，於是找了山間幾十個人來搬移這塊大石，搬了三天，沒動到分毫，工人走了。怎麼辦呢？這塊石頭太礙事了！最後他決定自己試一試。便帶著初來的十多個青壯年比丘，大家同聲高呼「起」，想不到竟把數萬斤山上的巨石塊向山門左方一步、一步，移了十多丈遠，於是轟動全山，有些舞文弄墨之遊人，便給這塊石頭起個大名，為「雲移石」，虛雲在移開大石之後，也有七律兩首紀其事。其中有句：

移山敢笑愚公拙，聽法曾疑虎阜逢；
自此八風吹不動，凌霄長拜兩三松。

由於缽盂庵已經著手重建，僧人也越來越多，在經濟來源上，便顯得捉襟見附，不得不想辦法到外地募化建寺資金。他第一個想去的地方是接近緬甸的騰衝。缽盂庵則交代從終南山追隨他到雲南來的青年僧戒塵；他把寺務交給戒塵，自己便由大理，經下關、保山（舊名永昌）一線南下。在清朝末年，中國邊遠地帶，不管有多少人口，還是沒有寬坦大道可走。尤其雲貴地區的高原山路，當他走了四五天，過了保山，他聽到山地人說，過去這裡到蒲縹一帶山路，崎嶇難行，走來十分辛苦；但距騰衝僅有一、兩天路程，而這條往來行旅極多的山路，不管官方或民間都沒有人主動修築過。奇怪的是，卻有一個外省僧人，到這裡自建茅舍，每天帶著工具沿著這條崎嶇的路，從日出到日落，不斷地天天開土平地、積石掘溝，默默地做修路工作。他也沒有向任何人請求布施，往來客商看他鋪路辛苦，有人給他一點食物，於今已有三十多年，這位老僧彷彿心如鐵石，天天修路。從保山經蒲縹到騰衝間山徑，十九都被修得順暢了。因此，住在蒲縹鎮附近的人們為了感他的恩，想建一個小寺讓他住，他也不接受。他只住自己的山間小茅棚，每天出門修路。真奇怪！世間有這種苦行僧？

虛雲對這種同門也感覺不可思議，他便沿途詢問路人，想找到這個和尚，禮敬他一番。就這樣，直到當天傍晚，才到蒲縹以西十多里的小路邊看到一個穿破衣、草鞋的很老很老、滿頭白髮的和尚，扛著鐵鋤、畚箕向夕陽落山處緩行。虛雲趕了過去，向那老僧深深合掌到地，那老僧竟然瞠目視如無人，更不說話。虛雲一看不妙，但還是跟著他，直到一座山邊老僧的小茅庵前，眼看著那老僧放下手裡的鋤頭、畚箕，歪了一下身子，坐到一個草蒲團上。虛雲上前向他頂禮，那白髮老僧竟然不理不睬不看不語。於是虛雲要打破沙缸問到底，便迎著老僧的面找一張小拜墊子坐下來。就這樣，直到第二天拂曉。彷彿兩尊石像對坐。

老和尚在天濛亮，便從蒲團上起身了，抹臉漱口之後，便去鍋邊做飯。虛雲起身，也一步一趨，自動幫他燒火，飯燒好了，那老僧也不打個招呼，自顧吃完，便攜帶鍬鋤準備出門；虛雲和尚看在眼裡，也不作聲，自行取了瓦缽吃飯，吃後隨手揹著一個畚箕，跟著老僧後頭，走了幾里，見路邊有亂石、不平處，便幫著老僧搬石頭、挖泥土、修路，使之成為人車可行的石子路。就像這樣，兩個老和尚如影隨形，你燒飯、我捧缽子；你出門、我背筐子；你剷沙，我搬石頭，一連十多天，彼此相安無事，都像兩個木偶，無語相對。

有一天晚上，在那小庵前，天上明月當空，虛雲一個人在門外一塊大石頭上打坐。夜很深了，虛雲還未下坐入門就寢，想不到此時老僧輕手輕腳，踅到他背後，大叫一聲——「你在做什麼!」

虛雲一聽，耳邊彷彿雷鳴，於是抬頭發現是那白髮老僧站在他身後吼叫，便輕聲回應：「看月!」

「月在何處?」那老僧反問。

「大好霞光!」虛雲隱喻：那天上一片霞光便是。

「徒多魚目真難辨，休認紅霓是彩霞!」

老僧的暗示：世間多的是魚目混珠、真假難辨的事；你不要以為那片紅霓就是真正的彩霞啊！——你的「當下」是真的一片靈明嗎?

虛雲即答:

「光含萬象無今古，不屬陰陽絕障遮!」

虛雲的回應是：那一片霞光是遍含於萬象之中！它是不分古今中外的；它不屬於「地、水、火、風、空、物」的範疇，一切有形的事物是無法隔絕它的光芒的!

這兩個老和尚，一來一往，唇槍舌劍，棒來箭去；結果呢？虛雲和尚的「當下」了無罣礙。那老僧考驗虛雲到此處，已知虛雲不是平凡之輩，便一把抓住虛雲和尚的手，呵呵大笑說:

「真人不露相！怠慢！怠慢！夜深了，請入寮房睡覺吧!」

這兩個和尚經過這一次機鋒語相驗，原來兩人不分上下，頗契真機，到第二天，便無所不談了。

那八十三歲的老僧說，他是湖南湘潭人，與虛雲的故土湘鄉不過七、八十里之途，二人竟是同鄉。老僧少年出家法號「禪修」，二十四歲在江蘇鎮江金山寺坐禪，得個入處，從此形骸放蕩四海，後來禮拜天下名山大剎，最後去西藏拜布達拉宮，再轉由緬甸回到雲南，在騰衝到大理這幾百里路崎嶇難行，客商卻步，因為受到《法華經》、《大日經》中「持地菩薩」的事蹟感應，便發心獨修這條山路，三、四十年，不覺頭髮盡白，如今八十三歲，獨修苦行，卻沒有碰上個「知音」，今天有緣，二人的殼子都破了，才一吐衷腸……。

這時虛雲也將自己的出家到目前的行止，向老僧訴述一番。到第二日清早飯後，向老僧告假，彼此合掌大笑而別。

虛雲走了一天半，到雲南西境重鎮——騰衝，住湖南會館，但他的肩上行李還沒有放下，就有幾個穿喪服的進來，就地便拜，一面說：「請和尚慈悲！請和尚到我們那誦經！」

虛雲說：「我不是趕經懺的和尚啊！」

他們說：「我們請你——不為一般人念，是為你們做和尚的人念的！」

虛雲說：「我聽說你們這裡沒有和尚呀！」

這時，湖南會館裡的主事者便出來為他們解釋說：

「大師如果能去為那個人念經超渡，事情倒非常巧合，這些著喪服的本地喪家，是我們騰衝的老翰林——吳太史❹的曾孫輩。吳太史一生為人謹嚴多善行，幾十年前，本地人稱吳老為大善人，高壽已八十多了。他的子孫數十位，參加鄉試、縣試錄取的有四、五位，其中秀才更多。日前逝世，臨終前，自稱是『和尚』。遺囑交代，死時要穿僧衣入殮，不許家人哭泣，喪事不可殺牲，更不可請道士巫婆念經追魂。他更奇怪地說：會有高僧來為他超渡；言畢，盤腿趺坐，閉目而亡，有好幾天，面目栩栩如生。今日大師你到騰衝來，大概你就是那個高僧了！……」

那會館的執事仔細道來，虛雲聽了，便應允隨那幾個喪家子弟到他們族中靈堂為那位吳老翰林施放「七天燄口」來為之迴向超渡，這時騰衝大街小巷商民聽到有一位高僧來為吳家超渡，來了幾百人參加一同念經放燄口，法事之後，有一千多人皈依座下。

虛雲既得到騰衝人的愛戴，當地官民要留他在當地永久

❹ 太史：為清代退休翰林之敬稱。

住下來。但虛雲向他們解釋:「我是為了重建雞足山缽盂庵,來這裡募化善款,無法在這裡常住。能請大家共同發心,成就缽盂庵重建,就功德無量啦!」

於是騰衝官民人等,便踴躍捐出鉅資,接著虛雲在這裡待到九月間,結集功德善資,回到雞足山,一方面備糧食,一方面興工建造大殿、寮房……並且訂定寺規,凡在寺掛單者,早晚上殿,打坐講經,重振佛家儀規,又於冬天傳授「三壇大戒」,出家、在家佛教徒,到缽盂庵來受戒的達七百多人。

從此雞足山各大小佛寺、庵堂的僧尼行止,也逐漸走上「以戒為師」的軌範,而且人人都已不敢再著俗服、吃肉、行為放蕩了。

到了光緒三十一年(一九〇五)春天,大理石鐘寺方丈寶林和尚來禮請虛雲和尚到他那裡再開「戒壇」, 於是遠近求戒的僧俗人等,又有八百多位。虛雲在雲南各地,已無人不知,深受社會景慕,他等到「傳戒」三十多天完了,戒塵師自此在缽盂庵閉關修行,寺務由「常住」中另推人代理,他自己因為缽盂庵之僧糧不虞匱乏,且新建房舍已大致完工,便再度到南洋❺一帶推展佛化工作。

他這次計劃仍舊先到緬甸,在行程中,從大理南行,到騰衝西南約八十里的南甸州(今梁河縣)太平寺,以「十天時間」講完《阿彌陀經》, 接受皈依者有數百人,再西行,過滇緬邊境的「千崖蠻」, 越「野人山」南麓,由緬甸北部

❺ 南洋:為自明代以後,中國人移民到南太平洋與印度洋間一帶之島嶼國家,如印尼、馬來西亞、菲律賓等地,因在中國之南,稱為「南洋」。

的新街到瓦城一帶❻，由於虛雲隻身在山嶽地帶步行多日，山中濕氣太重，也許受到山中瘧蚊叮咬而患了惡性瘧疾。因此在途中路邊一座棚廠下，突發高燒而躺臥兩天，在山徑途中，除了服用一些隨身帶的成葯，喝些山中澗水之外，別無他法，待熱度稍退，便帶病南行，走到柳洞小鎮，這裡有一間觀音寺，寺中有中國僧人，法名定如。虛雲走進寺門，見到定如，向他彎身為禮，但他不理。便只好在大殿簷下盤坐休息。到晚間定如上殿鳴磬，開始晚課，虛雲便勉強拖著病身幫敲鐘鼓。等到晚課將完，念〈大懺悔文〉， 念到「南無大行普賢菩薩」三稱完了，便大叫三聲：「殺！殺！殺！」然後再頂禮三拜，起身。

到次日拂曉五時上殿，早課完了，又是「殺、殺、殺」三聲。虛雲見到這個中國僧人如此怪異，便決心在這裡掛幾天單，了解一下。定如這個人，一天三餐「蔥、蒜、韮、辛、牛奶」什麼都不忌，因此，每到吃飯，虛雲既不吃飯，也不說話，只是飲水代齋。過了兩天，那「殺僧」見虛雲不吃飯，已知道其中原故，在飯菜中就不再加蔥蒜之物，虛雲見狀，才恢復齋飯。到了第七天，那「殺僧」請他飲茶，就順便請問他為何在早晚功課之後要「殺殺殺」？他說：「殺洋鬼子！」

原來此人原籍也是湖南寶慶，父親在雲南任清軍守備之類武官，死在雲南；剩下他的兒子，於是出家為僧，後來到浙江普陀山「受戒接法」， 並從僧界法師竹禪和尚學道，十

---

❻ 新街、瓦城：「新街」為舊地名，今名八莫(Bhamo)，在滇緬邊境，距騰衝西南，約一五〇公里。瓦城(Aue)為緬甸中部曼德勒省之省會——曼德勒(Mandalay)，因靠伊洛瓦底江邊，故又稱「瓦城」。

多年前才經由香港去新加坡，在坐船的時候，備受外國人凌辱，從此終身恨死外國人。如今到緬甸北部獨居小寺，以賣畫為齋糧，當地華人都非常喜愛他的畫。十年以來，凡有僧眾經過這裡，他總是裝模作樣，古裡怪氣，「殺殺殺！」

最後，那定如和尚說：「今天看你這個人倒很隨緣方便，所以對你說真話！我恨！恨外國人！」

虛雲說：「外國人欺侮中國人，是他們沒有『人道』,但是十年風水輪流轉；只要中國人爭一口氣，這種形勢終久會改變過來。如果把『恨』結在心裡，也不能解除人我之間的不平；我看還是想一想佛陀的遺訓，把『怨親』對立的恨，消一消吧！總結一句話，中國人自己要振作起來；自愛而後愛人；自救而後救人……」

虛雲語重心長地勸慰定如和尚，不要把「恨」結得太深，但是定如和尚的氣有如黃河之水，沒有源頭。

虛雲的病，在這座觀音寺裡，過了十多天，身體逐漸恢復後，便向主人告辭，定如和尚一定要留他在這裡長住，虛雲和尚說，很感謝他的關念，但是為了到南洋一帶國家募款重建雞足山缽盂庵，實在無法久留，定如和尚在這十多天裡，每日與虛雲朝夕相處，從動靜語默中，已觀察到此人實非等閒之流，便贈送一筆旅費和途中的乾糧，又買了南下仰光的火車票，再發電報到仰光給那裡一位佛教大護法——高萬邦，在次日下午到車站迎接，才互道珍重而別。

虛雲和尚到了仰光車站，由當地僑領高萬邦居士全家，與緬甸華人首剎龍華寺當家師性源法師迎接，當天住在高家，晚間晤談時，高居士說：「鼓山妙蓮老和尚經常談到您的苦行，但幾十年來沒有消息；如今聽到您來仰光，十分歡喜。前些日子他有信來，想回福建，要修建寧德縣的龜山寺……」原來，這位八十多歲的妙蓮老和尚，正是虛雲二十歲在福州湧泉寺受戒時的傳戒和尚，他現在是馬來亞（二次大戰以後，建國改為「馬來西亞」）的檳榔嶼極樂寺的創寺方丈。

次日高萬邦居士接著陪同虛雲和尚在仰光附近朝禮「大金塔」、各寺剎、勝蹟，過了幾天，虛雲便準備去檳榔嶼、陪同妙蓮老和尚回福建，便與高萬邦道別，這一次是由仰光坐船直航檳榔嶼。高居士送他上船，又電報通知檳城極樂寺，派人到檳城港口接船，這才回去。這時已是農曆四月已盡。

當這一班船到了檳榔嶼對岸港口，因為當地已屬英國人殖民地，船上有傳染病患者，船長與港口檢查單位命上千旅客，先行到岸上一處孤立的山間檢疫站受檢，這一大批商客，上山之後，都沒有地方住宿，可偏逢大雨，每天港口檢疫所只發米一小碗，蘿蔔兩個自煮，醫生每天來檢查、驗血，過了七天，有一半旅客受檢後走了；過了十天，檢驗完了，旅客全都各自離開，各奔親友，只剩虛雲一人；因為他的病又發了，在這裡得不到妥善照顧，病情日益加重，甚至飯也難以下咽。到四月十八日，有一位醫生來了，先為他診察一番，再換一間乾淨的小房子，讓他獨住。此時，有一個老年人在門外經過，問虛雲和尚怎麼了？虛雲無力地告訴他，被港口檢疫所留在這裡，偏偏在野人山患的瘧疾又發了。那老人說，他是福建泉州人，與幼年時的虛雲，也算同鄉。可是他加重語氣說：「這個房子是留給將死人用的，待活人死後作為『解剖』之所！」

虛雲和尚告訴老人，他要去極樂寺掛單，那老人一聽，忽然心血來潮，說道：「這樣好了，我去拿點葯給你吃，試試看。」

然後，他走了。過一個時辰，端來中葯「神麯茶」一碗，像這樣，一連吃了兩天，感覺體力稍微好些。那老人又說：「如果檢疫所醫生來看你，你聽我在外面咳嗽，就馬上振作精神，站起來。他拿藥給你，你不要吃。記住。」

醫生來了，瞪眼看一看虛雲，然後拿了一包藥出來，又倒了一杯開水，命虛雲吃下去。虛雲因醫命難違，只好將藥吃了。醫生去後，老人又來，問虛雲吃醫生的藥沒有？虛雲說：「他逼我吃，吃了。」

那老人一臉驚惶，說：「那你就難活了。明天就會來把你當死人解剖。現在我給你點藥吃，但望佛祖保佑你！」

到二十日一早，老人又來，虛雲精神恍惚坐在地上，眼睛睜開卻看不到人。那老人將他抱起放在床上，地上留下一片血跡。那老人又拿一包藥粉來餵他吃下，又為他換衣服，洗清地上血漬。之後，嘆口氣說：「別人吃了昨天醫生的藥水，不等斷氣就動刀了。而你真不該死，那是佛祖的保佑。到九點，醫生再來看你，我在外假咳一聲，你裝著很有精神的樣子！」

果然，九點一到，醫生來了，見到虛雲，用手指一指，乾笑兩聲走了！虛雲待醫生去後，又問老人：「他笑什麼?」老人說：「他笑你怎麼不死！」於是虛雲告訴那老人，仰光高萬邦居士送他些旅費沒用完，拜託老人拿些錢送給醫生，好放他走。

虛雲說著從身邊僧袋中拿出四十銀元給老人，以二十元贈這老人報答救命之恩，以二十元送給醫生買一條生路。老人說：「我不要你的錢。今天那醫生是英國人，不能談錢；明天是當地人，可以談。」

到這一天晚間，老人又來，說：「已與馬來族醫生談好，送二十四元，第二天可以放你走了！」虛雲聽到這一番話，心也安了，又向那老人一再道謝。

到二十三日早晨，醫生來了，為他檢查之後，揮手而去。虛雲便出了這間小屋，到港口找到一隻小船，準備渡過這十多里寬的海峽去檳榔嶼。那老人隨在虛雲身後，扶著他上船，過海之後，再上岸，僱一輛人力車，將虛雲送到一座出家人管的神廟——廣福宮。這座神廟距極樂寺不遠，平日互有往來，當這裡的知客僧一看虛雲從外面進來，神情恍惚，不像正常人，以為是流浪僧，沒有理他，讓他獨坐在一間客堂裡兩個鐘點，最後有一個年紀較老的和尚出來，自稱「覺空」，是宮裡的方丈和尚，看到虛雲，忽然想起這個老僧說不定就是仰光高萬邦居士發來電報中說的那個「虛雲和尚」，此時虛雲見到這位方丈便自稱「弟子」虛雲，向那老和尚伏身頂禮，當他伏身拜在地上，想起身再拜，卻爬不起來了。

老和尚將他扶起說：「你就是要到極樂寺的虛雲和尚吧！高萬邦居士打電報來有二十多天了，都沒有你的消息，妙蓮老和尚與大家都很著急，你怎麼病得這樣呢？」說到這裡，看很多人圍過來問長問短。沒有多久，妙蓮老和尚聽到消息，急忙從極樂寺趕來，一見虛雲，就焦急地說：「天天望你消息，怕你路上遇險，我要回福建去修寧德龜山佛寺；聽高萬邦居士說你來了，所以才在這裡多留幾天。今天能見到你，真是阿彌陀佛！」

虛雲說：「弟子罪過，勞您在這裡久等。可是我從雲南經仰光到這裡來，過野人山時，還是病了，到這裡港口時，又被檢疫所關起來，幾乎死掉，倖而有一位老人救了我……」

說到這裡，大家都合掌念佛，然後妙蓮老和尚，帶他一同到極樂寺，命他休息請醫服藥。但虛雲說：「到這裡，已如到自己的『家鄉』，雜念已消，休息幾天，就會好了！」此後他便以「終日坐禪」代替休息。妙蓮老和尚發現虛雲一坐便是四、五天「入定」如如不動。妙老也是此中過來人，「入定」功夫雖是禪家修持的成果，但在馬來亞西海岸濱臨印度洋邊，因此，他告誡虛雲和尚，「這裡天氣四季很炎熱，又因雨多潮濕，與我們中國境內的天氣不一樣，坐久了恐怕會戕害身體——得風濕病！」雖然，虛雲在這裡過了十多天，身體也恢復了，並沒有感覺任何不適，後來到曼谷講經入定九天，還是罹患了嚴重的「風痺」病。

妙蓮老和尚又跟他說：「你既然來了，那就請你到寺裡為僧俗二眾講一部《法華經》吧！我馬上要回國了。你等講經完了，不要先回雲南，請先到福州鼓山（湧泉寺）一趟，我有事跟你商量。」

次日，妙蓮老和尚離開極樂寺到港口登船回國。虛雲在這裡為華僑信眾開講《法華經》一個月，有幾百人皈依座下。隨後又受到麻六甲很多華僑護法的懇請到馬來亞本島怡保附近的青雲亭講《藥師經》十天，接著到吉隆坡，在靈山寺講《楞嚴經》一個月，虛雲在馬來亞北部境內各地講了多次佛經，前後一萬多人皈依座下。

直到農曆十二月中，國內佛界都知道他在馬來亞大宏佛法，雲南全省佛教僧眾聯合來電稱：「──現在北京朝廷要把寺產充公改建工廠學校，浙江天童寺八指頭陀（寄禪）有電請您速回，共圖挽救佛教命運。……」但因年關將近，只有先在吉隆坡靈山寺度過新年，到光緒三十二年（一九〇六）正月底才啟程由海道回國。

在太平洋西岸，中國南海領域的航程中，沿途經過南洋群島、呂宋島北境巴士海峽，順著航道二月上旬到了臺灣基隆登岸，那時臺灣在甲午戰爭條約下割讓日本，受他們統治；虛雲下船之後，便到郊區靈泉寺瞻禮，拜訪當時的寺主。在臺灣稍事逗留四、五天後，再登船去日本東京各地參觀古蹟佛寺，當時正逢八國聯軍之後不久，辛丑和約簽訂五年不到，日方侵略心重，凡對去日本的中國人，也有所戒備，日本僧人來華也受到禁止。本來，虛雲有心拜訪日本佛界名剎主事者，共商兩國佛教人合作共同推展佛教法業，卻因此不得不中止。

這一年三月下旬，虛雲乘海輪由橫濱回到上海，隨之與中國佛教會的代表寄禪和尚一同到北京請願：向光緒皇帝請求制止官方破壞佛寺、沒收寺產的非法政令。

他們到北京之後，住在賢良寺，由當時清廷政府僧錄司❼官員法安和尚、龍泉寺方丈道興、觀音寺方丈覺光諸師親自接待。

---

❼ 僧錄司：清代朝廷主管寺院僧侶之官署。民國以後已經撤銷，由內政部社會司兼管「宗教」業務。

北京佛界及庚子年（一九○○）冬逃難時與虛雲相識的王公大臣，聞訊紛紛到賢良寺來會晤這位禪宗高僧。並獲得他們的支持，商討向朝廷上書，提出奏章，請求撤銷「滅佛」之事。

奏摺送上朝廷之後，不多天，得到光緒的上諭：

> 前因籌辦捐款，疊頒諭旨，不准巧立名目，苛擾貧民。近聞各省辦理學堂工廠，諸多苛擾，甚至損及方外，殊屬不成體統，即著各該督巡，飭令地方官，凡有大小寺院，及一切僧眾產業，一律由地方官保護，不准刁紳蠹役，藉端滋擾。至地方要政，亦不得勒捐廟產，以端政體。欽此！

「聖諭」既下，此後「滅佛」之議暫息。

虛雲在北京住到六月六日，一方面為「滅佛」之議奔走，同時又呈請清廷為雞足山缽盂庵（古迎祥寺）頒贈清版《龍藏》一套，到七月二十二日，又奉光緒旨諭，將雞足山缽盂庵，賜名「護國祝聖禪寺」。寺中方丈（虛雲和尚），賜「紫衣缽具、玉印、錫杖如意」。再封方丈虛雲和尚為「佛慈洪法大師」，並著虛雲「回山傳戒」，護國佑民。

在七月二十二日接旨當天，接福建鼓山湧泉寺妙蓮老和尚來書：「《藏經》啟行，先到廈門，可由南洋轉運雲南，如經廈門暫住，請汝速回鼓山一晤。」

這一番連絡佛界高僧共同保護寺產的行動，再度振醒了中國佛教徒的心靈，虛雲和尚之清譽傳遍全國，其結果不但得到清廷的同意官方不得侵擾佛寺，又賜《龍藏》，封缽盂庵以「祝聖禪寺」名，頒虛雲以「洪法大師」之號。這一年寒冬匆匆接近，一切事辦妥之後，虛雲仍在北京過年。

光緒三十三年（一九〇七）農曆正月下旬，虛雲帶著朝廷頒贈的「龍藏」一百五十大箱，由大沽口登船啟行，先到上海，再轉航廈門，二月上旬到達廈門，由當時養真宮的轉道和尚（1872—1943）、佛頂山的文質和尚接待。想不到，又接鼓山來電，妙蓮老和尚已於正月十二日在龜山圓寂。妙蓮和尚是虛雲的「傳戒和尚」，他們接到電報之後，便相約廈門諸佛寺長老方丈，一同到福州鼓山參加「荼毗」典禮。虛雲到了鼓山之後，因身為「法子」，責無旁貸，日夜與寺方諸執事商討，確定「建靈骨塔」、「傳冥戒」的善後事宜。一直到當年四月初一，妙蓮長老的靈骨入塔，天氣開始下暴雨，初八傳「在家菩薩戒」❽結束，初九天晴，初十靈骨塔封龕，這幾天福州各界來湧泉寺弔唁者不下萬人。

妙蓮老和尚的靈骨只留一半在鼓山入塔，另一半運到檳榔嶼極樂寺海會塔供養，作為南洋佛界的紀念。

這年五月間虛雲和尚將妙蓮長老的骨灰與《龍藏》一併運到檳榔嶼，當時檳城東北岸的丹那❾及當地佛教道場觀音

---

❽ 在家菩薩戒：見註❷。此戒有六條重戒，二十八條輕戒。通常在家學佛者必須先受過五戒，方可受菩薩戒。「菩薩戒」如當事人萬一不能守，可面對六根清楚的人，宣布「捨戒」。

❾ 丹那：馬來名Tanah—liat，此地為檳榔嶼（檳城）本島東北角一個鎮市，市中有「廣福宮」，中供觀音菩薩像一座，又稱「觀音亭」。虛雲和尚當時常在此講經。惟據今馬來地圖研判，丹那應

亭，有數千華裔佛教徒來迎靈。靈骨入塔後，已有很多信徒捧著鮮花在塔前供養，靈骨到達極樂寺，由虛雲主持法會誦《地藏經》，念「變食真言」，此時，忽然天起大風，將所有供養的鮮花吹飄滿天，這時盛骨灰的靈龕上方湧出一股白光，直透極樂寺二里之外的靈塔之頂。

妙蓮老和尚的身後事，全由虛雲處理，而妙老一生的「密行」及「禪淨」兼修，生前屢有「前知」， 都已在《虛雲年譜》中記錄下來。

虛雲在檳榔嶼將妙蓮老和尚的靈骨入塔之後，再乘船到丹那的觀音亭請講《心經》三天，轉船去泰京曼谷。在航行中，因船上沒有供給素食，虛雲只好終日閉目坐禪。第二天，有一個英國人走過身前，用眼反覆看他。終於那中年白人用華語問他：「和尚！你去那裡呀?」

「去雲南!」虛雲微開雙目，回答那外國人。

那外國人請他到「個人客艙」坐。又拿些糕餅、牛奶之類的食物，虛雲也不食牛奶和摻有雞蛋的糕餅。

外國人又問他：「你到雲南那裡呢?」

虛雲答：「大理！雞足山迎祥寺（即原「缽盂庵」)!」

外國人說：「噢！這座寺院規矩很嚴，僧人很受人尊敬!」

虛雲反問：「請問——先生到那裡幹什麼?」

外國人答：「我在騰衝、昆明等地做英國領事，到處參觀各大寺院、古蹟!」原來此人竟是英國外交官。

這位英國領事又問虛雲：「你到南洋來所為何事?」

虛雲說：「我從北京請《藏經》回雲南，經福建廈門，但

為今之「丹絨」。

因水路運費不足，所以順道去檳榔嶼向佛教徒化緣。現在，《藏經》仍在檳榔嶼，我人到曼谷去，想在僑界募足款項，再回檳榔嶼，運送《藏經》回雲南。」

「那你有沒有政府公文呢?」英國領事說。

「有啊!」於是虛雲從身邊僧袋裡取出朝廷贈經的詔書及自己印的緣簿，給那位英國領事過目。

那英國領事細看一遍，才知這位和尚便是雞足山迎祥寺（朝廷賜名「祝聖寺」）的方丈，禪門大德虛雲，然後取出鋼筆在「緣簿」上簽捐大清銀元三千元之捐款。這是一筆大數目的功德。接著他交代船上廚房做素餐炒飯，供養虛雲。

他們這樣同船三天三夜，到曼谷上岸分手。

虛雲上岸之後，去泰京華人道場：龍泉寺掛單，並於數天後，開講《地藏經》，在講經期中，那位同船的英國駐雲南領事到龍泉寺拜訪，並親付那一筆功德金，然後拜別。此人去後，虛雲不僅為了運「藏經」回雲南的旅費，更重要的是重建雞足山祝聖寺諸多設施，都要大筆資金，但是他自從到達檳城之後，所得的捐助並不夠回山重建的支出。因此，在《地藏經》講完後，休息數天，再續講《法華經・普門品》，聽眾有三、四百人。

有一天上午，正在「講經」的時間，大殿下面聽眾鴉雀無聲，恭聆老和尚法音宣流，正在這個時間，老和尚聲音突然停了下來，默然良久無語，大家很奇怪。而虛雲在講經時，略停之間，息心無念，就此猝然「入定」， 失去時間流向，經義也不存在了。大家一直等老和尚繼續講下去，而虛雲雙目微閉，一直靜默無語，直到午齋梆聲，大家才紛紛離座，但不敢驚動虛雲和尚。

這一入定，到下午驚動了整個曼谷華人世界，乃至泰國王朝與官吏，從第二天起，天天善男信女，攜老帶小，到虛雲座前頂禮朝拜。可是虛雲一直「定」下來，寺裡僧人也不願驚動他。

直到九天之後的上午，在曼谷各地人潮洶湧，來朝拜這位「入定」的高僧，到這時才有一位寺中僧人，在虛雲身邊走過，以「引磬」三響，才使他聞聲「出定」，待睜眼後，發覺那一批聽經人，全在座上，而且又有許多人擁擠在整個殿上，靜靜的看他，有的在他面前頂禮；他看了一看，彷彿這九天是一剎那間，他接著九天前中斷的「經義」再講下去，又講了兩天，才把「普門品」講完，全場贊頌聲不絕。統統上前頂禮的頂禮，以金錢供養的供養。當然泰王也聽到有一位中國高僧在龍泉寺入定九天，便特別恭請到宮中為王室誦經祝福，又供養大筆善款，因此，自「定」後十天內，泰京皈依的官民弟子達數千人之多。

這次「入定」，是虛雲和尚自一九〇二年正月在終南山以來，隔了五年，第二次被世人所知「定中不知歲月」的奇聞。平日虛雲一定「三天、五日」，更是平凡事。

虛雲在曼谷入定，轟動整個泰國社會與僑界，但他出定之後，頭兩天雙腳有點麻痺，不以為意。但過了十多天，日漸嚴重，最後從雙臂、膝蓋、全身都陷入麻痺之中，吃飯連筷子也無法拿，茶水也不能端，當時請中西醫生診治，一無效應。最後終於重到口不能言語、眼不能看，形如枯木死灰，而心中卻仍明白一切，也未覺痛苦。但是他想到萬一自己「化」

去，在衣領裡，還縫有幾張大額匯票，沒人知道，如果死後大化，不但《藏經》的運費無法支付，雞足山的殿閣重建，也無錢可付。想到這裡，深悔在這裡「入定」太久，受到曼谷的溼氣侵入身體的經脈，弄得全身癱瘓，而悲傷不已。心中除了默禱佛菩薩加被，也只有等待奇蹟出現。

此時，他於五年前在終南山相識的一位妙圓師，不知何時，也到曼谷來掛單，聽到虛雲入定之後，特地到這裡來看他。妙圓來時，見到虛雲全身麻痺不能動，醫藥罔效，與他寒暄時，雙目傷心垂淚。又看到虛雲上下唇微動，便湊近他身邊，側耳傾聽虛雲要什麼？原來虛雲以極低啞的聲音，說：「茶！」妙圓倒一杯茶送到他面前，虛雲一面默禱，請「摩訶迦葉」加被。然後由妙圓端茶餵他喝下，心中頗覺清涼。當天夜晚，虛雲入夢，又有奇蹟出現了。夢中，見到一老僧，很像「釋迦牟尼的大弟子迦葉」，坐在他身邊，用右手摩他的頭，一面說：「作為比丘！三單一缽❿萬不可離身，你不必為自己身體癱瘓而憂；你將『衣具』當枕頭入睡，病就會好了！」這段話說得清清楚楚，但非常離奇，雖不合邏輯，虛雲也只有遵命，便將自己這隨身的「衣缽」塞在頭邊，當作枕頭，正在此時，再看那老僧，已不見蹤影，而自己卻驚異得全身是汗，身體卻似乎輕鬆很多，只是仍舊口不能言。——這是夢中的事。

到第二天，自己張口，好像稍能發音了。便叫一聲「妙

❿ 三單一缽：指古印度出家，平日生活，只能穿三件衣、持一乞食之瓦缽（比碗大的食器）。所謂三單，即「小衣、中衣、大衣」之三衣。

圓師！」那妙圓師驚訝地帶笑走過來，問「要什麼?」虛雲說：「請你到寺中華陀殿⓫求個方子！」那妙圓師便去寺中側殿供「華陀像」的地方求個籤，籤上只寫「木櫛、夜明砂⓬」二味。然後妙圓去買藥，回寺再煮水餵虛雲喝下去。服下這兩味藥，想不到虛雲的眼睛竟然睜開，能看見東西了，嘴巴也能微動說話了。然後，請妙圓再去求一次籤，籤上只有一味藥，是「赤小豆」。籤上說明要以水煮豆粥當飯吃，不可吃其他雜糧。就像這樣，虛雲吃了兩天「紅小豆粥」，頭能左右搖動了。再請妙圓求一籤，又是「赤小豆」。此後三天，虛雲天天吃「赤小豆煮粥」，食後大小便猶如黑漆，身體終於又能知痛癢，人也能說能走了。──這種治病方式，只是中國人的民間秘方。畢竟，虛雲的全身麻痺，因此而癒。

妙圓師的日夜奉侍，使虛雲最為感戴不已。他因此發個願，自己回雞足山後，建「伽藍殿」⓭時，一定加設「華陀」

⓫ 華陀殿：「華陀」為東漢末年、三國時代之「神醫」，曾為曹操看病。今中醫史料上所留「華陀」之秘方，多為後人偽撰。在中國民間甚至佛寺，也偶供奉「華陀像」，供像之所，稱「華陀殿」。虛雲在曼谷罹全身痺病，竟被所求之單方治癒。

⓬ 木櫛、夜明砂：「木櫛」為民間秘方所用之「土藥」，即舊時代女子所用梳頭髮之「篦」；此物有木製、有竹製。當女子用久了，濕度已消盡。惟竹製，有「通經絡」之效。至於為何經女子用過才有效，其理不明。「夜明砂」，中葯，為蝙蝠糞便，有「明目、去痺」之效。

⓭ 伽藍殿：「伽藍」，是「僧伽藍摩」簡稱，梵語saṁghārāma。本是僧眾所住處。此間之「伽藍」，指保護僧伽住所之神，稱「伽藍

的牌位以報深恩。

虛雲在曼谷入定九天，定後，全身麻痺四十天；因服「華陀藥方」，病癒之後，又續講《大乘起信論》直到講完。

此時，檳榔嶼極樂寺繼任方丈善慶和尚派「善欽、寶月」兩位法師來曼谷，接虛雲回去。在離開之前，泰王宮庭大批功德款，竟有三十萬銀元。泰王則因虛雲為王室誦經，又送曼谷近郊（洞裏）一筆土地三百頃，這塊土地，虛雲轉贈給極樂寺方丈善慶和尚，當年他和極樂寺的三位法師，便在這塊土地上所建的一座「樹膠廠」裡，一同度過一九〇七年(光緒三十三年）殘冬。

虛雲從曼谷「洞裏」樹膠廠住到一九〇八年（光緒三十四年）新春，和善慶和尚一同到馬來亞西海岸，吉隆坡東北地區的雪蘭峨觀音閣參觀。這一佛寺也是善慶和尚所建。然後他陪同虛雲再北上霹靂州的首府怡保，多處瞻仰佛教名剎與古蹟，最後於初夏回到檳城極樂寺，講《大乘起信論》、《普賢行願品》二種佛典，他在馬來亞各地又消耗一年時間，接引華僑佛教徒，因此從北方檳城沿海岸線，南到吉隆坡、麻六甲，都受到廣大的僑界愛戴，皈依者也有數千人，於是到處請他主持法會，往來齋宴，舉行皈依之禮。

當他在檳城講經完畢，已近深秋，行「方便閉關」，不再作往來應酬，亦不會見訪客，殘冬也就在這裡度過。

虛雲自一九〇五年、六十六歲春末，從雞足山離開雲南，經由緬甸、檳城、北京、廈門、曼谷，再回馬來亞檳城，時

神」。凡佛寺內供「伽藍神」之殿，稱「伽藍殿」，亦即「護法神」也。中國自漢以後，以關羽為「伽藍神」之寺院不少。

達四年之久，到處講經說法，受到各地僧俗之景慕，皈依之弟子不下數萬人，而最後，他從北京隨船搬運的一百五十大箱《龍藏》，與募得的大筆建寺資金，待諸事已畢，到一九〇九年，已經七十高齡。這一年農曆新年二月，便將藏經起運，由水路運達緬甸仰光。他準備從仰光再由陸路北上，經緬北新街入滇，回到雞足山，開拓他這一生重建古剎的第一次浩大工程！

八論*興雞足山

虛雲和尚到了仰光，住在高萬邦居士家中一個月，然後由這位熱心的護法居士，在仰光買了一尊「玉佛」，再親自送給虛雲和尚，和《藏經》連同大批食物，在依洛瓦底江碼頭上船，十天後，經過曼德勒（瓦城），再到新街（八莫），他們住在新街的小佛寺——觀音亭，下船之後，加以整理，在這裡又僱一大批馬匹，帶馬伕，總共三百多頭牲口，直入雲南省境。他在新街僱用工人、牲口、料理行程，整整四十天，全由高萬邦出力出錢，將虛雲及「藏經」送上山路，再獨自回仰光。

因為回程中，「玉佛」太重，馬匹馱不動，便寄放在新街，直到三年之後，才設法運回雞足山。

就這樣，虛雲帶著萬冊經書、馬匹、人伕，經過騰衝、保山、下關……，在路上又是一個多月，到了大理前十天，官方已接獲虛雲來自保山的訊息，為了恭迎「聖賜藏經」，已準備好一場「迎經大典」，等經書進入大理城。此時「雲貴地區」總督李經羲❶（1860—1925），奉「上諭」派員到大理，

❶ 總督李經羲：總督，清末官名，為一省以上的「軍政首長」。李經羲，李鴻章之弟、李鶴章之次子。時任「雲南、貴州」地區總督。辛亥革命後，曾任國務總理及財政總長。

率領地方官紳在南城門外，接旨迎藏。

在大理又住十天，這才經由洱海東濱，由下關、儀鳳(古越州)，輾轉上雞足山，直到祝聖寺，經書安置於「藏經閣」。

虛雲和尚回到祝聖寺，已是宣統元年（一九〇九）的農曆除夕。剛好遇到「朝山香會」，信徒成千成萬，萬眾歡騰，這是雞足山數百年來未有的盛事。

「上賜藏經」，既已安置於寺中，雲南各地僧人，也因光緒下令保障佛寺僧侶及財產安全，所以他們的修行生活，得以保障。這時雲貴總督李經羲聽到虛雲奉藏已回雞足山，便派人來山慰問，又命他的家眷親屬到寺內皈依虛雲和尚。

虛雲自一九〇五年（光緒三十一年）之春，離開雞足山，輾轉南洋、國內北京、廈門，到這一年（一九一〇）新春回山，已經五年之久。

此時「戒塵和尚」，自虛雲去南洋時，在寺中閉關，迄今也有五年。因此虛雲請他出關，協助他共同為佛法之宏揚，號召全山僧侶，嚴守佛戒，勤讀經藏，革除迷信，恢復大乘佛教規模，自此，雞足山的「道風」，為之大振中國佛壇。

到初夏五月間，虛雲忽然接到一封由福建鼓山轉來故鄉湖南湘鄉的家信。虛雲看信之後，悲喜交煎，從信中可見，五十年來，滄海桑田，逝者已矣，生者已老。雲山阻隔，不勝欷歔！

這封信，是由虛雲十九歲時，離家出走，他的二房夫人，譚氏手筆。此時，虛雲的後母王氏，剛於去歲己酉（一九〇九）十二月八日西逝。這封信中，歷述他離家後的一切悲情。信云：

拜違尊顏，時深繫念，奈重山阻隔，音問難通，疏慢之愆，職是之故。遙維　德公（出家時法名德清）大和尚，動定綏和，法體康健。……憶君遁別家山，已五十餘年，寤寐之間，刻難忘懷，未審道履何處，仙鄉何所？未獲衛侍左右，實深歉疚……今將家事，略述大概：

自駕別後，　慈父（即虛雲之父蕭玉堂）令人四探無著，慟念於懷，常感有病，告老回家，養病一年餘，至甲子年（同治三年，一八六四）十二月初四日巳時逝世。喪事辦完後，姨母（即虛雲庶母王氏）領我並田氏小姐，同入佛門（出家為尼）。姨母法名「妙淨」，田氏鵝英，法名「真潔」。我名「清節」。「此後」家事概交叔嬸(即虛雲之親叔蕭蒲堂）料理，多作善舉公益。……（不久），鵝英吐紅（即「吐血」，肺癆），披緇四臘，撒手西歸。乙亥年（一八七五）伯父在溫州病故；我大哥現牧西寧府，榮國（虛雲堂弟）偕鵝英三弟赴東洋（日本），華國（虛雲另一堂弟）繼續君嗣，至富國，從君去後，未見信息。古謂大善無後，君雖僧伽再世，然頓絕二祠香煙，雖是菩薩度盡眾生……又何必遠離鄉井，頓忘根本？吾之所以痛苦呈書者，特為此也。去冬（宣統元年，一九〇九）己酉歲十二月初八日辰時，姨母王氏告辭西歸。在彌留時，跏趺說偈，偈畢，歛視寂逝，異香數日，端坐巍巍，儼然如生。……今寄數語，使知家中事務，信到之日，速請束裝就道，萬勿延遲，並將富國一同回家。……鄙語千言難盡，意義在不言中，匪朝匪夕，盼禱無

涯矣。……觀音山尼弟子清節，頂禮百拜、哽咽泣書，
時宣統二年庚戌二月十九日。

信後，附詩二首

（一）無題七絕

君亦鴻雁別故鄉，沖霄獨自向南翔；
可憐同巢哀哀侶，萬里秋風續恨長。

（二）無題五古

望斷天邊月，淚泉流滿睛；我棲湘江上，竹痕已成斑；
君必成大道，慧業日當新；昔時火宅侶，原是法城親。

虛雲和尚俗時之妻譚氏出家後為清節尼之來信，依然瀰漫著古代怨女之情恨，雖然出家，對佛法大義也粗有所瞭解，但畢竟俗情挽回不了虛雲的大了大斷。此後虛雲還是沒有回過故鄉，沒有見過清節尼一面。

在雞足山秋天八月，虛雲在寺中為數百僧俗講《楞嚴經》，在講經中，殿前的老栗子樹，忽然開出彷彿優曇鉢花（即「曇花」）數十朵，其大如盆，形同蓮花，色略金黃，花開幾個月不墜，稱為奇景。

隔一年春天，虛雲又在祝聖寺，大開「戒壇」，五十三天戒會完了，再打「禪七」四十九天，從初夏四月十五日，到七月十五日，三個月結夏安居❷，終日領眾坐禪修道。這一

❷ 結夏安居：佛門在夏天四月十五至七月十五日，閉門靜修，不外

年（一九一一）農曆八月十九日（新曆十月十日），孫中山領導革命軍推翻清廷，宣統遜位。隨之「新風潮」傳播各省，到處「逐僧毀寺」、「打倒迷信」，此時在雲南執掌「新軍」兵權的是「協統」李根源❸（1879—1965），這個省級新軍將領，對大多數寺院僧徒不守戒律頗為憎惡，便親自率兵到雲南境內拆廟趕僧。可是這個李軍頭又對虛雲和尚的眾望所歸，深為不解。據地方傳說李根源已指名要逮捕虛雲，以正「清規」。這一竿子打翻了一船人，是沒有法治時代的常態。雞足山的僧侶聽到這一傳說，驚惶萬狀，紛紛逃竄他方，深恐身受其害。即使是祝聖寺的一百多位常住比丘，跟隨虛雲學禪念佛，也寢食難安，恐遭滅佛還俗之禍。因此有人勸虛雲和尚趕快遠走南洋，待時局稍安之時再回雲南。

虛雲一聽寺中傳出李根源要到雞足山滅佛遣僧消息，就集合寺僧，鄭重地說：「你們要走儘管走吧！如果這是業報，

出，為期三個月，稱之為「結夏安居」。此一修行，主要來自古印度，夏季雨多，蟲蟻等濕生動物多，為恐傷害生靈及乞食不便，故訂下此一規律，延至今日，中國佛教許多大寺院，仍延此古制，每夏安居修道。

❸ 「協統」李根源：協統，清末軍制之官名。「協」以下分別為「標、營、哨」，等同民國以後之「旅、團、營、連」。「協統」，即「協」之指揮官，如今之「旅長」。李根源：雲南騰衝人，清末赴日留學「陸軍士官學校」，並加入同盟會，返國後，任雲南新軍協統及雲南講武堂總辦，辛亥革命後，與蔡鍔成立軍政府，任軍政總長，民國以後，任陝西省長、雲貴地區監察史等職，一九四九年後，任中共政協委員，卒於蘇州。

躲也躲不掉。我虛雲也只有以身殉教一途！請大家珍重!」

虛雲面容森嚴地把話說完，便拂袖回寮。而全寺僧眾卻自此便熄滅了作鳥獸散的慌亂，安住祝聖寺中。

過了四、五天，李根源果然率兵入山，他把司令部駐紮在山下「悉檀寺」內，然後派出軍隊，全山逐僧毀寺。像雞足山之頂峰「雞足大王銅像」、佛殿、天山殿，全被兵卒搗毀。虛雲眼看這個「新軍閥」要打到正統佛教的門裡來了。便獨自下山，走了一個小時，到悉檀寺山門口，他將名片一張遞給兩個衛兵，當那個衛兵和寺中一個看門的老人，一看是祝聖寺的虛雲老和尚，便趕快上前，低聲告訴虛雲快走，千萬不可去見李協統，逃得慢了，會大禍臨身。他們一面說一面阻止虛雲入寺。虛雲雖受到衛兵和寺中守門老人勸告，但依然推開那兩個衛兵和守門老人，直驅大殿右側的偏殿。那右側偏殿本是寺中「客寮」，現由李根源佔為自己的辦公室與臥室。當時李根源正與前任四川布政使❹趙藩一同坐在殿中一張桌前談話，一個衛兵已衝進「協統辦公室」，向李根源報告：山上祝聖寺虛雲和尚來求見。李根源抬眼，看到虛雲已走進殿門，向他合掌為禮。但李根源置之不理。另一個在座的趙藩，一年前在昆明已拜見過虛雲和尚，與之相識。這時見虛雲入殿，趕快下座趨前寒暄，又問「虛公從那來？」虛雲便向趙藩簡略說明他要來見李根源的原委。主要是希望「李協統不要在山上逐僧毀寺」。這時李根源聽在耳中，便厲聲問虛雲老和尚：「你們佛教對社會同胞有什麼用？對國

❹ 布政使：清代官名，為一省之民政首長，約同於今之省「民政廳長」。

家有什麼利益?」

虛雲看李根源怒形於色地責問他，便輕聲但辭嚴義正地說:「……佛法救人治心。心為萬事之本，本正，萬事皆寧，萬事皆寧，這樣，國家就太平了!」李根源聽到這幾句話，臉色稍微和緩一些，又問虛雲:「那你們又要這些泥雕木塑的神像幹嘛? 反而浪費人民金錢!」

虛雲說:「中國古書裡講到世間有兩樣相反的東西，便是儒家的心與境，道家的道與形，法家的理與事，佛家的性與相。『心、道、理、性』都是無形的東西，我們之所以能夠證實它是一種存在，是因為它經由『境、形、事、相』，然後呈現在我們眼前。佛門的『法相』，是『性與相』的同義詞。在佛家，『性、法、理』都是同義；『法』是看不見的，就如人的『精神、意志』現象看不到一樣；但是反可以經由『形相』的轉換而表達出來。佛門的『相』(同『像』)就是表現『法』的東西。佛像、佛寺，就是表現佛教義趣的東西；沒有這些就沒有佛法存在了。佛門講因果，如果沒有佛寺、佛像，也就沒有人敬畏因果了。人的心地，如果對因果業報沒有敬畏，那就會為所欲為、無惡不作了。如果世間大多數人無惡不作，世間的秩序也就不存在，人也沒有好日子過了。在『事相』上說，佛家的道理，最下層建構，撇開『法制、倫理』不說；在心地上，它是維護社會安定的心靈城堡。再如:我們中國處處有孔廟，廟中有孔子像，現在流行的耶穌、天主教，也有他們耶穌像被釘的十字架上、還有古今放置在『宗祠堂坊』的古人銅像，都不過是藉由古人的塑像來展現他們的精神力量；沒有這些，我們心中還存在什麼正義、道德、慈悲、仁愛呢？說到最後，『若見諸相非相，就是同見如來』了。再說『雖見泥塑木刻的孔仲尼，也猶同面見孔子本人』一樣了。是不是這樣？協統大人！」

虛雲以不急不緩的莊嚴語氣，把佛家有形事物之存在價值在李根源面前解說得極為清楚，雖然李根源在那一時代，等於駐在地的閻王，聽了虛雲的解釋，也覺得真有道理；於是他的怒容便舒展為微笑了。一方面他又命令身邊的勤務送上茶來。

接著，他又向虛雲道：「無奈，天下有許多和尚不做好事，反會娶妻食肉，偷雞摸狗，四體不勤，成為國家廢物，又怎麼辦？」

虛雲說：「天下的和尚，不一定都是釋迦的弟子。和尚裡也有許多不同的品類，但不能因為一兩個不肖僧人，就把中國所有比丘，貶下地獄啊，孔子的門下也有不肖的秀才。如今先生統兵，軍紀雖嚴明公正，違法的兵士還是有啊！滄海雖然浩瀚，不棄鰍鱔；天空雖然廣闊，也容納蚊蚋。公如能護持佛法，使佛法清淨住世，也功德無量呢……」

虛雲說到這裡，李根源，這位三十七歲的「新軍」首領，不由得也轉怒為喜，與虛雲相揖作禮了。接著他挽留虛雲在他的營衙中晚餐。天已入夜，又秉燭相談。虛雲由淺近的因果之理，說到業網交織；由因緣業報，說到世界無限、眾生無限、生死無限，說得天花亂墜，法義更深；李根源聽得如醉如痴，直到飯後九時。

最後他終於長歎一聲，自責道：「佛理既已如此廣大慈悲，而我又曾逐僧毀寺，這麼重大的罪過，怎麼辦？」

虛雲和尚說:「這是一時風氣所造成，不是你李公一人的過錯，如果以後能極力保護佛教，功德就無量了!」

李根源聽到虛雲這樣說，心中便平復不少，而非常安慰。

到了第二天，李根源便移到祝聖寺客堂闢室暫住，白天隨同眾僧作息，又素食幾天，臨去之時，對虛雲及僧人的刻苦生活，更加感動，便向虛雲行弟子之禮，又請虛雲為雞足山全山總監，這才率兵離山而去。

且李根源從此便成為虛雲和尚大護法，直到他八十六歲逝世蘇州，大半生是佛教一名居士。

這一年仲冬十一月，上海有「佛教大同會」的組織，與早先的「佛教會」發生爭執，發電到雲南邀請虛雲到滬研商。到一九一二年，民國肇造，孫中山任南京臨時大總統，但袁世凱則在北京專權。這一年初夏，「中華佛教總會」初設於公共租界靜安寺，八指頭陀——寄禪，擔任第一任會長。不久，為了平息當時「滅佛新風潮」，又偏逢湖南安慶發生「強佔寺產、銷毀佛像」事件，湖南佛教人士聯名上書內務部，請求平反，但主辦單位內務部民政司拒不覆文。二月，孫中山先生自總統任上引退，袁世凱在北京掌權，因此虛雲以「護法衛教」不容退縮，便在上海與當時「中華佛教總會」會長——八指頭陀、常州天寧寺冶開，同赴北京政府請願。他們十月中旬坐船由海路北上，於十一月一日到達北京，住在寧武門外的法源寺。兩天後，寄禪、虛雲、法源寺方丈道階，同赴內務部陳情，與主辦單位民政司長爭執不下，沒有結果，再回到法源寺。八指頭陀於十一月二日凌晨因「心臟病發」圓寂於法源寺客寮。

虛雲為了八指頭陀之喪，便在北京扶柩由海路回到上海，一直等到「寄禪和尚追悼會」舉辦完了，收到北京政府頒下准予雲南、貴州兩省設立「佛教分會」的公文，才準備回到昆明，成立「中國佛教會雲南省分會」。

這時已是一九一三年初夏。虛雲先回雲南昆明，籌劃成立「雲南分會」，貴州則由貴陽佛界了塵和尚在省城成立分會。

在昆明設立「佛教分會」，正名為「滇藏分會」，顧名思義，這個組織兼管「康藏與雲南」兩大區域的佛教會務。所以在「分會」成立之日，遠從西康來的喇嘛、活佛，也有很多人參與「成立大會」。

在昆明「創會」期間，由虛雲擔任「分會」會長，但由於當時從上到下各級、各地政府，對佛法真義了解不多，而且當時「滅佛毀僧」之議仍未熄，因此與各級官府公文往返，接洽事務，倍增困難，但終於受到此時已任北京內閣軍政總長兼國會議員的李根源疏通、護持，連絡當時國務總理熊希齡（1870—1937）、新任雲南都督蔡鍔❺（1882—1916）的多方協助，才解決「佛教分會」的對外活動順利展開。

到一九一四年（民三），虛雲和尚離開雞足山二年有半，

---

❺ 雲南都督蔡鍔：都督，民初官名，主管一省軍政大權，民國五年，改為「督軍」。略同民國以後之省主席。蔡鍔：湖南邵陽人，戊戌事變後，赴日留學，東京陸軍士官學校畢業，武昌起義時，在雲南率軍響應，並推為都督（省長），袁世凱死後，轉任四川都督，一九一六年因病死於日本福岡大學醫院，後與黃興同葬於長沙岳麓山。年三十五歲。

當時的雲南都督蔡鍔，離滇去北京，省政由唐繼堯❻（1883—1927）綜理。虛雲因雲南佛教會事務已告一段落，便將會務交代清楚，重回雞足山，這以後兩年之間，除了重建雞足山各大小寺剎，振興戒律，重整千餘年來的「迦葉道場」，在這兩年中，也曾在附近各所寺院講經說法，例如大理北方鶴慶縣的龍華山、麗江縣的金山寺，以及康藏境內參禮藏傳佛教的十三大寺。

虛雲和尚，到這一年已滿七十六歲。他這一生所經歷的奇聞、神話，每到一地都有異聞發生。❼

一九一六年（民五），他再赴南洋，仍由雲南騰衝出境，他在一九〇九年從緬甸請購的玉佛，因無法馱運，仍舊放在八莫（新街）的觀音亭，至今已經七年。他有心運回祝聖寺。在離境之後，先到印緬邊境「掌達、蠻綿、窩散、臘散」❽一帶的夷人居住山區採訪，因為中緬邊境夷人多信仰佛教。然後再由伊洛瓦底江岸一線南下到緬京仰光訪高萬邦，拜大金塔，在仰光華人寺院龍華寺講十多天經，再由仰光坐船北上，當數日後船到新街時，上岸檢查，由一位英國籍檢查人員登船，向旅客宣布：

❻ 唐繼堯：雲南會澤人，清末留學日本陸軍學校，加入同盟會。一九一一年，響應武昌起義，一九一三年任雲南都督，一九二七年被龍雲逼迫去職，病死於昆明，年四十六歲。

❼ 虛雲和尚一生，佛道的神秘經驗及奇遇極多，可參看蘇郇圃編《虛雲和尚十難四十八奇》一書。

❽ 「掌達、蠻綿、窩散、臘散」：均為滇緬邊區縣以下之地名，為原住民之區域，無法查證。並為譯音，人民惟多信仰佛教。

「我們的友邦——中國大總統（袁世凱）建立帝制，捉拿匪徒（革命黨人）， 現在所有商客、僑民，如通過我們的檢查、驗明身份，才能放行。……」說畢，便將船上近百個旅客押到岸上「巡捕房」中偵訊，最後大家都通過檢查，各自走了，只剩下虛雲等六個出家人，那些偵察的官員說：「這六個和尚是革命黨冒充的」， 全部被扣押在巡捕房的「拘留室」內，到第二天清早，他們被雙手反綁，拳腳交加，然後又被推到巡捕房外面，讓緬甸夏季炎熱的太陽曝曬，不准移動，不給飲食，不准大小便，從早上六點直到晚間八點。

最後當地曾皈依過虛雲的佛弟子、布商洪盛祥，聽到老和尚由仰光坐船北上被海關外國檢查人員扣押在巡捕房中，便在晚上九點趕到巡捕房將虛雲等六人，每人付五仟緬幣保釋，最後接到這位姓洪的弟子家中，挽留住到一九一七年(民六）初春，並由洪盛祥等許多弟子處理「玉佛搬運到雲南雞足山、僱用當地民工」諸事。

「玉佛」是經由新街的寄放處——觀音亭起運，僱用八個民工肩抬，並說明由緬邊新街送到雞足山的工資定額。工人中華夷夾雜，這些邊地工人，雖不識字，但鬼主意很多，當他們抬到野人山東南邊境，快入雲南時，有一天，他們突然放下玉佛不抬了。他們說玉佛太重，每天只能走二十里，體力負荷不了，工資必須加倍才成，否則要人難看！虛雲知道他們蠻橫無理，只好溫言撫慰，並以身示範，將路邊比玉佛還重的一塊巨石舉起，反駁他們八個人抬不了玉佛的謊言。那些工人看到近八十歲的老和尚，猶如神助，雙手搬起巨石，也只好暗暗稱奇，不再吵鬧。但是玉佛在滇緬邊境的崎嶇山地，還是走了三、四十天，才送到雞足山祝聖寺大殿。

這一年秋後，虛雲則再應騰衝、保山地區，佛教人士的禮請，去那一帶邊境各縣講經，直到冬盡才回山。

＊　＊　＊

一九一八年夏天，雲南都督唐繼堯一方面派人送信到雞足山問安，同時又命令賓川縣知事（縣長）一同入山迎請虛雲到昆明去駐錫。虛雲礙於佛教大局，不得不屈從這位雲南首席長官的邀請，準備去昆明。當時賓川縣長本想派兵護送，以「滑竿」乘坐登程，但為虛雲婉謝。自己帶著出家弟子修圓，隨身一頂斗笠、一隻蒲團、一個鐽子、一個籐筐步行上路。當他們二人快到楚雄的時候，在路上遇到匪徒攔劫，又搜出唐繼堯給虛雲的書信，其中兩匪徒不分皂白，拿起身邊棍棒要打，虛雲就說：「請你們不要打，我想見一見你們的『司令』，好嗎?」「見我們的司令又怎麼樣?」於是那兩個匪兵便將他們反綁，持槍押到他們的寨子裡，見到匪首楊天福與吳學顯這兩個人。一進門，那楊天福看到面前一個年近八十的虛雲，就問：「你是那裡來的?」

「我是雞足山的和尚。」虛雲說。

「什麼名字?」

「虛雲。」

「你去昆明做什麼?」

「去念經、做佛事!」

「做佛事幹嘛?」

「為我們人民消災祈福。」

「是否是唐繼堯命你去的? 唐繼堯不是好東西，你為什麼要幫他去念經祈福？他是個壞蛋，你與他有來往，你也不是一個好和尚！」

「你說唐繼堯是壞人，可也難說。」

「怎麼難說，你說說看！」

那匪徒看著面前這個鬚髮生白、滿臉清瘦的老和尚，怒氣已消了些。於是虛雲同他辯道：「從好處說，人人都是好人；從壞處講，人人都是壞人。」

「你倒會狡辯。……」那匪頭說。

「假使——」虛雲詞嚴義正地看著這兩個匪頭：「你們兩位與唐繼堯都是為國為民，你們的部下也為國為民，那你們豈不都是個個好人？從壞的方面講：你說唐繼堯是壞人，他又說你是壞人，各有一面之詞，勢為水火，最後雙方兵戎相見，弄得老百姓流離失所，家破人亡，這樣恐怕大家都是禍國殃民的壞人了！可憐的老百姓，左邊是盜，右邊是匪，怎麼活呢?」

那些匪徒聽到老虛雲說得唾花亂飛，都忍不住笑了起來。

於是，那吳學顯接過來說：「如果依你說，怎麼才好?」

其實這兩個匪首的名字，是虛雲和尚被劫，與他們交談以後才知道的。虛雲對吳學顯說：「如——依我看，你們不要在這裡獨佔山頭，與省方為難了。你們招安❾，省方也會為你們安排出路，豈不更好?」

「你叫我投降?」吳學顯忽然睜起大眼，反問。

---

❾ 招安：民初前後，中國南北邊區省份，土匪極多，當政府軍力強大時，地方土寇多以「招安」代替「投降」，為政府收編為地方部隊。

「不是！不是！」虛雲說：「不是這樣。我說『招安』，因為你們都是棟樑才，只因懷才不遇，虎落平陽，才成為一方之霸。如果你們能將才能獻給國家，使兵為國用，以安地方，救國救民，豈不兩全其美！」

楊、吳兩匪一聽虛雲之說，也有道理在。便問：「老和尚！照你這樣說，我們要去招安，要向誰辦理呢？」

「當然，向本省都督唐繼堯辦理！」

「向唐繼堯招安？我們不幹。他殺我們很多人，也關了我們很多人，我們報仇都來不及，反過來還要投降他，胡說八道！」

虛雲和尚，已是一位得道的禪宗大師，有很多事他已測透對方的意識深處了。他知道這些匪徒，在暗裡已走投無路，但表面上還強作打家劫舍的強盜，就語重深長地說：「兩位先生！請別誤會。我說向唐繼堯接洽『招安』，是因為他是中央委派的雲南首長，他代表北京政府。將來如果事權在手，你也是中央官吏，你也可以代表政府整頓地方治安啊！」

虛雲又接下去說：「——如果他殺了你們許多兄弟——我這次去昆明做佛事、誦經，就是為他們超渡啊！至於被關的人，我這回去昆明，要請他大赦，放他們出來。你二位看怎麼樣？假使，你們不聽我的勸——將來，再起戰爭，誰勝誰敗難說！雖然，目前你們與唐繼堯，各有各的地盤與力量，認真說起來，你們比他有難處。他有人、有錢、有北京政府做後援，似乎比你們少顧慮，是不是？今天，不是我故意勸你們『招安』，想圖個什麼！我只是路過貴地，被你們兄弟押來。咳！我們算有緣呢！今天！不為我自己，是為雲南老百姓的平安，少一些災殃，我這方外人才不惜饒舌，還望你二位先生原諒！我不過是個窮和尚……」

那兩個匪首直聽得滿心感動，於是就齊聲說：

「能不能請您老人家做我們的代表去找唐繼堯?」

「——代表不敢。請你二位提條件，只要有會面機會，我便向唐繼堯說。」

言罷，那楊、吳二匪，請虛雲在隔間臥室稍作休息，他們便為「招安」事討論出下面幾點結論：

一、在「招安」之前，先放出他們被關的兄弟，重新做人；

二、招安之後，不能把他們這群「梁山泊兄弟」解散；

三、招安之後，不得將他們的各層「職權」取消；

四、招安之後，他們的匪兵——隊伍仍為他們自己率領；

五、在招安之前，軍盜雙方戰爭、擄掠百姓、殺人放火……破壞安寧事，不再追究；

六、招安之後，官方與匪方之官兵不得以兩種待遇。

匪方擬下這六項招安條件，寫好後簽名畫押，交與虛雲。

虛雲看了之後說：「像這六個條件，我看沒有問題，當我與唐督商討之後，當有公文給你們二位，同時派代表與你們接頭。」

吳學顯說：「——那就麻煩老師父！事如成功，我們就感謝大德啦！」

虛雲說：「請勿客套！我只是順便經過這裡。……」

於是，兩個匪首，馬上換一副感激的面容，請虛雲住在他們的「匪窟」，當晚，又談了一些佛法，變得「皆大歡喜」！

他們本要留虛雲多住一天，但虛雲因急著趕路，到第二天清早，楊、吳二匪首，陪虛雲吃過早齋，就此珍重道別。

在上路之前，又準備一些路費、食物、馬匹，與護送人員，但被虛雲辭謝。只有乾糧、淨水，都已收下。

出了匪營不及五百公尺，虛雲忽見幾個人跪在地上，向師徒二人叩頭。很奇怪！走近一看，原來就是前一天毆打、扣押他們的那幾個土匪。虛雲走到他們面前，那幾個匪徒連稱：「對不起！老師父！恕我們死罪吧！饒我們一命吧！」虛雲一聽，便扶他們起來，一面安慰他們：「善惡到頭終有報，做人啊！要諸惡莫作，眾善奉行。……」那幾個小匪徒，才感恩零涕而去。

虛雲在五天後到達昆明，由滇督唐繼堯招待，住在市區圓通寺的「咒龍臺」。晚上七點之後，唐親自來寺禮拜虛雲和尚。

唐說：「我與法師拜別數年，我祖母、家父、內人、舍弟相繼去世，深感人生無常，更加上匪盜橫行，民不聊生，兵卒傷亡，孤魂遍野，因此我想做三件事：

「一、做一場大型的法會，求佛祖加被，迴向眾生，超荐亡靈，消災免厄。

「二、將昆明的圓通寺，改建為大叢林，以弘揚大乘佛法，導引人心向善。

「三、在昆明辦一所完善的大學，教育青年，開拓國家未來的遠景。

「其中第三件事，我已覓人籌劃，但第一、二兩件，除了老法師之外，別人是無德擔任的。請您考慮，慈悲俯應如何?」

虛雲和尚說:「唐公發的弘願，當世稀有，行菩薩道，發大悲心！但貧僧才能俱薄，建圓通寺為大叢林，海內佛門大德太多，可勝任其事；惟圓通寺地處城區狹隘，住不過百餘人，如改建為叢林，恐難以比美古人，這一點，請您考慮。至於主持法會，為生者消災，逝者迴向，五至七天，衲可盡其棉薄。」

唐繼堯說:「老法師說圓通寺地狹不合創建叢林，我現在想到，此事稍延，往後再考慮；至於啟建大法會，又該如何籌辦呢?」

虛雲和尚說:「唐公發心籌辦法會，為苦難人民迴向，幽明普利。依衲愚見，在『法會』未建之前，要宣布三件事，請公決定。一、自法會第一日起，昆明全市宣布禁屠；二、宣布大赦牢獄非因奸、殺、搶劫之重犯；三、自即日起普濟雲南衣食病苦無以生存之災民。——能實行這三件善行，則可配合法會，普得人民服膺了!」

唐說:「老法師所言三事，其中一、三兩件我可以照辦，只是第二件『特赦』罪犯，是北京政府之權責，我實在無權作主，如何是好?」

虛雲和尚說:「今天是國家多事之秋，不平等條約加諸我邦，外侮頻侵，北京政府自顧無暇，而各省地方行政，中央已鞭長莫及，如果公能與司法長官商酌，這樣可能方便達到，也就符合天意了!」 唐聽虛雲這一番分析，覺得今天北京政府根本無法管及地方，而中國南北各省，大都各行其事，形同獨立，自己能為民間冤屈之人、或能改過自新之輩，留得一線生機，也算為雲南修了一件德政。於是對虛雲之見，加以承諾。

然後，虛雲又將自大理東來途中遭匪盜事，尤其楊天福、吳學顯率領眾寇想向官方招安，同唐繼堯仔細說明其中細節。虛雲說：「唐公如能藉這次大法會的時機，給予大赦，將他們大多數無知盲從的草寇，放出牢獄予以減刑，也等於給他們一條新生之路，出獄後，便更易感化而為政府所用了。」

唐繼堯聽到虛雲向自己詳述引導大理匪徒招安之事，不禁正中心懷，歡喜不已。當時便交代督署主管人員「籌劃大赦獄中囚犯及辦理與楊天福等群寇招安之事」。

此時，年又近暮，唐繼堯與虛雲和尚商量之後，官方準備向大赦囚犯與招安土匪，虛雲和尚與昆明諸寺的主事和尚籌辦法會，各自進行，法會則確定一九一九年春正月初五日啟建。

但在這年農曆十一月下旬，剛好南京支那內學院唯識家歐陽竟無（1871—1943）偕其高足呂秋逸❿（1896—1989）到昆明為「支那內學院」之創辦籌措經費，也住到圓通寺來，寺中便讓他們講了十多天《攝大乘論》。這幾位佛學大家，他們都在圓通寺初次見面，一同度歲。

虛雲和尚率戒塵先於一九〇四年夏末到雞足山，發願重

---

❿ 歐陽竟無、呂秋逸：歐陽竟無，本名歐陽漸，江西宜黃人，為中國清末民初以後佛學大師，長於法相唯識學，一九二三年九月於南京創辦「支那內學院」，門下頗多傑出人士。呂秋逸，本名呂澂，江蘇丹陽人，為歐陽竟無學生，佛學大家，精通梵文，著作頗多。一九八九年逝世於北京，享年九十四歲。

振佛教的戒律與遺教，其中奔波勞碌，各地籌措經費，時間整整十五個年頭，雞足山的「道風」已在虛雲法鼓下重振，為佛法在雲南一帶帶來新的氣象與遠景。戒塵和尚，到這一年底，仍在雞足山任職，而祝聖寺的住持，已交給下一輩弟子接任，虛雲在雞足山的重任已卸，自己是孑然一身，來到昆明。

中興雞足山的寺剎，是虛雲有生以來，第一次為佛教重建前朝道場。到了一九一九年新春，按干支紀年虛雲已屆八十高齡，但從形象看來，因為他高而且瘦，精神奕奕，髮多而白少，猶如六十許人，每當行腳千里，猶能健步如飛，毫無倦容，這都不是常人所能及的。

九論*建雲棲寺

一九一九年（民八）正月下旬，一場「水陸大法會」在昆明市忠烈祠啟建。法會的前一週，已由省政府頒發文告，宣布：自法會第一天開始「大赦雲南境內監獄囚犯，由死刑轉減為無期，由重刑減為輕刑，一年以內的徒刑一律辦理畫押假釋出獄」，同時自當日「禁屠」四十九天；法會由虛雲和尚出任上座主法和尚，在這會期不久，省督（主席）唐繼堯命楚雄地方寇首楊天福、吳學顯到昆明，當面洽定將地方匪群「招安」為省屬保安部隊，並委任楊、吳二人為大隊長（同「營長」）職務，從此，楚雄一帶諸縣，便不再發生強盜殺人放火之事，而楊、吳二人也從此歸入正途。

法會開始時，因為整個殿堂每一壇場內的蠟燭全部爆開「燈花」，形如小型蓮花瓣，光彩奪目，一時引起昆明城內外許多民眾，到忠烈祠來觀看，等到四十九天法會終了，唐繼堯又請主法和尚虛雲到他的官舍為已死的「雙親與妻子」念經超渡。一天超渡完了，自此全家都皈依在虛雲座下為白衣弟子❶；這一年寒冬，虛雲和尚仍舊住在圓通寺。等到一九二〇年（民九）春天二月，唐繼堯再度懇請虛雲與上一年同

---

❶ 白衣弟子：「白衣」，古代一般人民，著白衣。在佛門來說，則指未出家之信佛者。「弟子」，係在家學佛者對出家法師的稱謂。

期再建一場「水陸法會」，會後繼續講經。

當時，昆明城西，過昆明湖，距城三十里的碧雞山，俗名西山，有華亭峰，元代延祐七年（庚申，一三二〇），文峰玄通和尚，在此建圓覺寺，歷經三朝四代，歲月摧殘，人為不臧，已經毀圮。由於寺臨昆明湖，依山傍水，景色優美，可惜這一座六百年的大剎，自明代以後，後繼無人，一片荒陬殘壁，當時地方人士想將這一古寺土地賣與法國人作為「俱樂部」，而地方政府已經批准了，虛雲聽到佛界傳來這個消息，便與唐繼堯相商，希望能保存這一佛教古剎，加以重建。唐氏馬上接納虛雲的建議，私下又與昆明官紳王九齡、張拙仙等約定，擇日設齋，恭請虛雲老和尚重興華亭古寺。當齋宴席上，唐從身邊取出「紅帖」一幀，請虛老移錫華亭「圓覺寺」舊址，著手就既有舊址規劃建寺規模；虛雲也就義不容辭，接下聘書，但想不到這一年九月唐繼堯受到雲南地方將領顧品珍等倒戈，想篡奪雲南省政。本來，唐繼堯就有心以自己軍隊將地方團隊征服，但又因為戰爭一起，必然會招致許多軍民死亡，許多人流離失所，便與自己的皈依師虛雲老和尚，在一天夜間，輕車簡從，到華亭「臨時」的建物裡，相商去留。虛老對他說：「你目前已深得雲南人民愛戴，但未能盡得地方軍心，一旦兵戎相見，難免兩敗俱傷，而人民也連帶遭殃。如今，北方勢力，已快延燒到雲南，不如當下因勢利導，放棄目前名位，而保留滇民的崇信，以待他日因緣。」唐繼堯對虛老此時已深具虔誠的信仰與恭敬；而且虛雲的眼光也具前瞻的實觀，聽得此話，即於次日，便自行上電北京請辭現職，而由顧品珍代理省長，最後在這一年農曆臘月三十日除夕，經由越南轉赴香港蟄居。但是唐繼堯終於又於兩年後（一九二三）再度回任雲南，直到一九二五年(民十四）七月「國民政府」在廣州成立，地方省府改為「委員制」，唐繼堯於這一年秋天辭去主席職位，到昆明西山隱居，直到逝世。

這一年，在唐繼堯省長任內，華亭「圓覺寺」，易名為「雲棲禪寺」，其意指為「虛雲老和尚」所棲之「寺」也。這是唐氏為師情所感而發。

當年雲棲寺，在譽滿雲南的虛老法座下，各地捐助的建寺資金得到佛界人士的支持,因此建寺工程也就在逐步加速。而當地仕紳張拙仙，是重要皈依弟子之一。有一天他將一雌一雄兩隻白鵝，送到寺內「放生」，又請虛老為二鵝說皈依禮。當老和尚面對二隻白鵝說：「自皈依佛……」時，那兩隻鵝瞇著兩眼，俯首靜聽，直說到「不殺、不盜、不淫……」五戒完了，那二鵝點頭如蒜，作喜悅狀。此後那對鵝夫妻便隨著和尚早晚上殿，和尚念佛，牠靜聽，和尚繞佛右行，牠們也跟著走。時間久了，竟然變為常規，大家不以為意。牠們很受和尚們喜愛。像這樣過了三年，有一天，母鵝在大殿前作螺旋狀轉了三圈，然後伸頭向殿內佛像凝視片刻，隨之仆地而死，但毛羽一如生時。寺僧便以木盒將母鵝遺蛻入龕，葬於寺外園地。公鵝見母鵝已死，多天不食不飲，不入池划水，終日哀鳴不已，而每天依然隨僧上殿繞佛。有一天，維那師❷見到這隻公鵝鳴聲哀怨，便鳴磬一聲，告訴那公鵝說：

---

❷ 維那師：「維那」，梵語karmudāna，意為「綱維」。又稱為「悅」眾。是佛寺中三位重要「執事」之一。在早晚課中，「維那師」

「你失去伴侶很苦，既然你已知繞佛、觀佛相好，何不心念『阿彌陀佛』，往生安養世界，不必再忍此苦惱之身呢？我們現在助你念『南無阿彌陀佛』，你專心聽啊！」言罷，敲一聲磬，念一聲阿彌陀佛，念到數十聲佛號時，那公鵝彷彿「預知時至」，便垂頭曲頸，作禮佛狀，然後繞佛三匝，回到殿前，雙翅一展，收翼屈足，歙然仆地而死。公鵝死後，寺方又以「小土棺」一口，收牠入殮，再將母鵝遺體掘出來與公鵝合葬，到這一年（庚申，一九二〇）農曆十一月十六日(冬至後三天)，由目擊者張璞居士，寫〈雲棲雙鵝往生記〉附於《虛雲和尚年譜》之後。這是虛雲再興華亭、雲棲寺第一件奇聞。在佛家言，總是把動物當作「人」來對待的！

到第二年（一九二一）二月，顧品珍接任唐繼堯為雲南都督，天天大雨不息，直到昆明市內可以行船，弄得民不聊生，怨天恨地。昆明市政當局雖然以鞭炮在城門樓上每日爆放，希望能炸散一些陰霾，可是大雨依然淋漓如注。直到七月間，才天氣轉晴，卻又一直無雨，連旱四個月，天公滴水不施，連城外壕溝也旱裂見底，這一濕一旱，又造成城內白喉病傳染，使昆明死了數千人。彷彿上天故意跟昆明當局找麻煩。

此時八十二歲的虛雲入住雲棲寺不久，另有雞足山來的受染弟子、一九一〇年出家的具行，從外地參訪五年回來與他同住。因昆明這一年先水後旱，連寺中的工程都停擺了。這具行和尚，才二十五歲，但生而耳聾，又不識字，只是學佛虔誠，容貌奇醜。在這年十一月，有一天虛雲帶著具行和

通常是手持磬錘，帶動梵唄起音的和尚。

尚一早去昆明城購買寺內用品，到午後二時回山，在半途中一棵大樹下稍事休息一下，不經意中，撿得一個小包裹，打開一看，裡面竟包著「金鐲一雙、金頭釵一隻、懷錶一個，還有雲南發行的紙幣八千元❸、法國幣一萬多元」。

虛雲老和尚看了之後，再命具行包了起來，兩人就坐在那裡等失主來尋找時拿走。但是一直等到日落，因為距雲棲寺還有十來里，不能再等，只得將包裹帶回，待第二天再來樹下等候失主，否則就只有到處貼字招領。

當他們走過昆明湖北岸大道，快接近華亭山腳下，待渡水到對岸時，忽見湖邊有一女子縱身投湖，具行急衝上前把那女子從湖邊水中拖上岸，那女子拼命掙扎向湖水裡泅，仍被具行拼命拖了上來。

這女子不知為何尋死？虛雲命具行強帶她到寺中，為了這位女子，耽擱了好多時間，這時天已到夜間十點。到寺之後，又請那女子換下濕衣，再為她準備飲食，那女子不食，勸了很久，她才說：「她姓朱，湖南長沙人，生在雲南，今年十八歲，父親在昆明城內福春街開中葯行，只有這一個女兒，但因駐軍姓孫的師長到家求婚，又自稱他還是『單身未娶』，父母聽信他的話，就讓她過門嫁給那師長，誰知成親之後，卻發現孫某已有元配，才知受騙，但生米已成熟飯，只好自認倒霉。不久之後，發現元配卻凶狠無比，經常遭到她毆打辱罵。而這女子的父母，因畏於權勢至今求死不得。所以，這女子才找一個空隙，帶一些錢財逃走，想去雞足山投

---

❸ 在民國初年到三十年前後，各省都有自己的貨幣，甚至各縣都有自己的小額貨幣。雲南幣指當時「雲南省發行的貨幣」。

『虛雲老和尚』出家為尼，卻因不識路途，走了兩天，深怕孫家有人追來，因此不慎在路上丟了包裹，如今什麼都沒有了，出家又不成，非死不可。」

虛雲老和尚聽後，不禁為這一小女子的命運長嘆一聲，然後問她丟了什麼東西。那女子一五一十地細說，與虛雲撿得的完全相符。便把那一包東西還她，又安慰她夫妻相處之道。又讓寺中的法師為她解釋皈依佛門的道理。到第二天便通知朱、孫兩家父母親屬，到寺內調解這一家庭婚姻帶來的糾紛。虛雲老和尚為他們兩家幾十個人開示一番因果業報的道理，結果那朱姓女子的孫姓夫婿、元配、朱家的父母人等，都跪在佛殿前，懺悔自己的過失，最後互相擁抱大哭；這些人在寺內住了三天，又皈依了虛雲，受居士五戒，這才帶著那苦命女子離山回城。

虛雲和尚從一九二〇（民九）年冬開始，為華亭——雲棲寺重建；在施工時，從殘垣破壁中掘得古碑一塊，上有「雲棲」二字，但碑上干支紀年已殘破無痕，等兩年後，全部工程完了，這塊碑便嵌置在「海會塔」上，以作後人垂念。

當此時，虛雲在昆明的護法居士陳筱甫（前朝翰林）發心將自己的市內花園贈給「省立農業學校」，用來交換農校佔用的「勝因寺」舊址，改設為「雲棲下院」。並擴建殿堂與僧眾寮房。接下來虛雲更以在南洋一帶募得之餘款又重修昆明城內外諸多佛寺，像「太華寺、松隱寺、招提寺……」，想不到在華亭後山採集木材的深林中，忽然撿得一個包袱內有「金銀幣」，合值當時滇幣二十多萬，虛雲經寺僧報告之後，因為這一筆失款，非寺中所有，又無失主可尋，便呈報給昆明省政當局，作賑濟連年水旱之災災民專用之款。

由於這幾年天災頻仍，傳染病流行，雲南全省上自軍方將校、下自貧民，這才懷念起唐繼堯當時的愛民德政，於是省方重要首長及民間仕紳共同議定，到香港迎接唐繼堯回滇，復任省長職位。唐氏於這一年二月回任雲南都督。不多天，便再親來雲棲寺，拜見虛雲，請老和尚設壇祈雨。雲南人受到旱災煎熬太苦了。因此，虛雲才順隨唐意，在雲棲設壇三天，祈天降大雨。果然不數日，大雨傾盆，但「白喉」傳染還沒有遏止。唐繼堯向虛雲說：「聽古人說，大雪能遏止喉病傳染，現在到暮春三月，不知如何祈得降雪?」虛老說：「那我們也只有一盡人事了！我為全滇人民設壇，請唐公虔誠禮求一下吧!」於是唐繼堯也不管是「迷信」也好，「神跡」也好，就自當日起沐浴齋戒，由虛老設壇祈雪，過了兩天，春雪竟然如碎銀落遍昆明，深達半尺——從此白喉也逐漸消失了。虛雲老和尚的奇聞異事，不脛而走。

到一九二三年（民十二）全年，都在雲棲寺重建工程中度過，但主要工程是修建「七眾海會塔」、「全山祖塔」、「七佛塔」❹，總共十六座古今僧侶的「靈骨」瘞藏之所。然後

---

❹ 「海會塔……」：「塔」，梵語stūpa，有「三、五、七、九」層等差別。「海會」，義為不分大小尊卑共同存在一處，又名「普同塔」。在佛典裡，是為僧人埋骨、以磚石建造的尖塔，一如俗人的「陵墓」。「海會塔」，即寺中為僧人專建的「靈骨塔」。「全山祖塔」，指「某一大佛寺自建寺以來歷代住持和尚的塔墓」。「七佛塔」，「七佛」，是指佛典中「過去七佛」。佛典以過去每一劫有一佛，依次是(1)鞞婆尸佛、(2)尸棄佛、(3)鞞恕婆附（一切勝）

再繼續為全寺佛像，五百羅漢裝金、鑄大殿銅佛三尊、修西方三聖❺殿、塑三聖像等諸多工程。在此時，那位聾子年輕和尚具行，則又被虛雲派到昆明城內下院去任職。

到一九二五年春天，雲棲寺舉行四十八天傳戒法會。每年春天傳戒，這幾乎是中國名山大剎的常規。想不到具行和尚，到「傳戒期」末了，在勝因寺——雲棲下院以「三昧真火❻自焚」作為自己往生極樂的妙方。

虛雲老和尚，有〈具行禪人自化記〉一文記其事。

> 師名「日辯」，字「具行」。[四川]會理籍。幼失怙恃，依曾氏姓，繼以女配。生二子，家貧苦。余至雞山，伊全家八人在寺工作。宣統元年（一九〇九）己酉，[余]運藏回山，[冬]傳戒，師年二十。領全家人乞求出家，師是年二十一歲，不識字，耳極聾，貌醜，日（白天）

佛、(4)迦羅迦飱陀佛、(5)迦那迦牟尼佛、(6)迦葉佛、(7)釋迦佛。為這七佛所建、雕以畫像的「紀念性之佛塔」，稱為「七佛塔」。

❺ 西方三聖：為《阿彌陀經》西方極樂世界三位聖者，即(1)阿彌陀佛、(2)觀世音菩薩、(3)大勢至菩薩。簡稱「西方三聖」。

❻ 三昧真火：即佛家修行功深之人，已能入甚深禪定；如果他有意不留一絲遺蛻在世間，便從「定」中發動「真火」，自化而逝。三昧，即梵語samādhi，義為「正定」。從定中發出之烈火，稱為「三昧真火」。這種火，在今天科學上稱為「靜電」，但一般人發不出來。這種靜電也不可能發到三千度高溫來自化。只有功力深厚之人，才能發起這一場小型「核子爆炸」，將自身焚得一絲不剩。

種菜苦行，夜禮拜，念觀世音菩薩，習（靜）坐。間則學課誦，不受人教，自極精勤。民國四年（一九一五）乙卯歲，[具行] 出外參學，至民國九年（一九二〇），余住昆明雲棲寺，師回助任「種菜」職，已能上殿課誦。暇則縫剪及造竹器，不辭勞苦，日種菜園，[有] 餘菜，則送人結緣，不蓄餘物，口無多語。及在下院[城內] 勝因寺種菜，見其密行❼難得。是年戒期，請為「尊證」❽。比丘戒畢，即告假往下院。至[本年，一九二四] 三月二十九日，午參後，從大殿後曬坪（曬穀場）內，自取禾稈數把，披袈裟跏趺坐❾，左手執引磬，右手敲木魚，面向西念佛，自放火，寺中數十人，無見聞知者。[曬穀場]牆外[有] 人，見[牆] 內放大火光，[爬] 進牆內看，不見師。至殿後，見趺坐火灰上不動，衣物如故，惟木魚、磬柄成灰。[寺中] 下人到[西山雲棲寺] 來報[告我]，余因[四月] 初八[要傳] 菩薩戒，不

❼ 密行：所謂「密行」，就是平日修行功力從不示於人，他人也不知其功力如何深厚；佛教的僧俗兩眾，在歷史上有些人常示「密行」，直到身後才有人知道。

❽ 尊證：佛家在「傳戒」大典上，按律典規定，要設「三師七證」為證明。三師是：得戒師（即得戒和尚）、教授師（教授和尚）、羯摩師（羯摩和尚）。七尊證，即「七位擔任你證明受了戒的和尚」，簡稱尊證。

❾ 跏趺坐：所謂「跏趺」，跏，即腿向內彎曲；趺，足背。結合「為雙腿上盤而坐」。佛門修行，除「雙盤」，也有單盤，名「半跏」，又名「吉祥坐」。

> 能下山[進城]，[便] 以書[信] 請[皈依弟子] ——[雲南] 財政廳長王竹村、水利局長張拙仙，暫代[我去] 料理[具行師身後事]。張、王（二氏）[到勝因寺] [殿後現場] 見斯奇異[事]，即向[省主席] 唐[繼堯] [都] 督說（報告)。唐率全家[來] 觀看，[具行化為炭像後]，[依舊] 巍然不動。近至身前，取引磬，忽爾全身倒下，成一堆骨灰。[因此一奇事]，感（動）眾生信（佛）之心。唐（氏）[當即] 提倡，由政府為[具行師] 辦追悼三日；[在追悼大會中]，瞻禮者數萬人。唐繼堯(省長）將[具行留下的] 引磬作[了一篇] 序（文)，永存[昆明、雲南省立] 圖書館保管。❿

虛雲為具行自化之後，又寫了〈生西記詩〉七律一首悼之。茲選錄一首：

> 枯腸欲斷只呼天，痛惜禪人殞少年；
> 數載名山參謁徧，歸來念佛荷鋤邊；
> 助興梵剎同艱苦，密行功圓上品蓮；
> 燃背葯王真供養，孔悲顏歿尚悽然。

虛雲自具行逝後，另有弘西居士所撰〈具行大師行業自化記〉補充說：「具行是一九〇七年（光緒三十二年）帶全家八口到雞足山祝聖寺做工，他的家人是『妻子、小弟、寡

❿ 唐繼堯為了保存具行和尚引火自化時的「銅磬」，便將這件事寫了一篇序文，敘述具行自焚的奇事，送到省立圖書館珍藏。

嫂、岳母、二個兒子、一個侄兒』。 這八口人，到一九〇九年一同在雞足山落髮出家，當時具行和尚才二十一歲。到一九一五年，具行離開雞足山，到中國四大名山遍參高僧大德，苦行學道。一九二〇年（民九）回昆明雲棲寺，協助虛雲，為勝因下院做苦力。從種菜、挑土、炊爨、築牆、挑石頭，無役不興。雖然他耳聾不識字，到此時他已能背誦《金剛經》、《藥師經》、《淨土五經》， 每天一字一拜，一針一拜，且自稱待雲棲寺『海會塔』建好後，他要永遠做守護神。」

具行和尚（1890—1924），一生三十五年，一介愚夫，從二十歲入佛門，十五年間苦行、苦修，平日不說一句話，別人根本不知他有什麼工夫。等到他以「火光三昧」解決自己色身，才引起社會轟動。

至於「火光三昧」究竟是「怎麼回事」，現在稍加解析：

在佛家有些道行高深的禪人，當他離開人世、回歸佛土之時，對他遺蛻之處理，不採土葬、不採火葬、不採天葬；而是由他本人在「定」中，引起一把「三昧真火」， 把自己化掉，最後屍首無存，在人間不留一絲痕跡，真是「清淨無比，無罣無礙」的解脫！

有能力引起「三昧真火」化去的人，不是「自殺」，不是「他殺」；人們不必驚世駭俗。像此一異數之人，在世間雖然絕無僅有，而中外歷史上還是不乏其人。在科學還不能驗認一個人「會以身體靜電爆發三千度真火自化」的能力之前，從佛家的修行圓滿者選擇自己「歸路」之時，除了一般的他力火化，剩下極少數、像佛經中所說的，以「火光三昧」解決自己遺蛻的方式，就是選擇一個恰當的時間與場所，整衣趺坐，深入禪定，然後發動真火（高強度靜電），在體內引發一場「小型核子爆炸」，使體內原子分裂，製造三千度以上的高溫，幾分鐘之內，把肉身焚為一堆白灰。這種「自化」方式，一般殯儀館也望塵莫及。

具行和尚，就是這一種人。他的「自化」是按照預訂計劃進行，沒有用大批木柴稻草，有沒有用火柴引火，也沒人看到。等大火一起，人們從寺外見到火光，而具行人已化為炭形坐相。

根據一般火葬場經驗，用一堆燃料去焚燒一個活人，絕不會那樣簡單，也不會那麼瀟灑自然。活人被燒，會滿地亂滾，叫爹叫娘……。當然，它不會不冒黑煙。人死了不會不倒，不會衣履如生。如果不是三千度以上高溫的「核子爆炸」，世間一把火，能會把一個活人在瞬間化為灰燼嗎?《悲華經》上說:「──若諸菩薩，命終之時，結跏趺坐（雙盤），入於『火定』（即『火光三昧』），自燒其身，燒其身已，四方清風，來吹其身，『舍利』散在諸方無佛世界。……」

具行和尚就是這樣。他的決心、苦行、道力，使他從三昧真火中走了。他的道，是得自「虛雲老和尚」的一生典範。沒有強大的修道功力，怎麼樣也不能展現這一場奇異風景。

具行和尚化後，剩一小盆骨灰──真正的白灰，他第一個享有雲棲寺「海會塔」中「護法神」席位!

到一九二五年，二月再度傳戒，虛雲和尚年年都有「傳戒法會」的啟建。傳戒完了之後，又講經，又在禪堂舉辦四十九天「禪七」，這是虛雲和尚主持道場的常規。

這一年夏天，唐繼堯已辭去省長職位，歸隱雲棲寺附近山林。

雲棲寺經虛雲前後四年多的重建，一切規模已經大具，到一九二八年，還有些殿中佛像沒有重塑裝金，虛雲和尚便在清明戒期之後，偕同皈依弟子——王九齡，到香港去籌募經費。當時陳銘樞（1889—1965）任廣東省主席，同時也是虛雲老和尚的護法弟子，法名「真如」。親派人到香港將虛雲及王九齡接到廣州，住在一間政府福利機構——頤養院（老人院）。然後陳銘樞又陪同虛老同遊北郊白雲山的能仁寺。在同行時，陳銘樞懇請虛老是不是可以在廣東曲江（即韶關），常駐禪宗六祖道場——曹溪南華寺⓫？這時，虛雲還沒有意願留在南華寺做重興工作。他在昆明的寺務還未清了，又未交棒與他人。於是暫時辭謝了陳銘樞的好意。

過了一週後，便轉程北上福州，在他的剃度祖庭——鼓山湧泉寺講了一部經，再轉道去浙江寧波，二度瞻禮「阿育王寺」的佛舍利，隨之又順道坐船去普陀山朝拜「觀世音菩薩」道場。最後由昔日普陀山佛頂寺的文質和尚（？—1936）陪同到上海，在香山庵、龍光寺等地掛單。九月底，鼓山的當職方丈達本禪師（1847—1929）圓寂，湧泉派人到上海通知虛雲回寺，但以舊曆年關將至，便延到年後，一九二九(民十八）年正月，由上海坐船，回到福州，這時達本老和尚的

⓫ 曹溪南華寺：「曹溪」，是地名，今廣東曲江之南約二十多公里。「南華寺」為中國禪宗六祖慧能宏揚佛法之寺院。此寺建於梁武帝天監元年（五〇二年）古稱寶林寺。到唐儀鳳年間（六七六—六七八）六祖慧能入寺，擴建增修，傳南禪之風，到宋太祖開寶三年（九七〇）賜號「南華寺」。

後事已了，湧泉寺的住持職位急待選人接手，於是當時福建省主席楊樹莊（1882—1934）、還有前任主席方聲濤，偕同當地仕紳多人，到寺中請求虛雲一定要留在福州，住持鼓山湧泉寺。虛雲和尚因為湧泉寺本是他的出家之地，一個禪和子的根本。為了感念昔年剃度之恩，便義不容辭，答應福州官民之請，就在這一年三月間，接下了鼓山第一百三十代住持的職位。

當他接任之後，在鼓山整頓寺規一年，日常事務已井然有序，便準備回昆明雲棲寺處理善後，因此，在一九三〇年「春戒」舉行之時，請普陀山老友文質任「羯磨」和尚⓬，在正月戒期中，為大眾講《梵網經》時，此時有一件奇事發生。

就在文質講經的時候，方丈室的庭院石階下，有兩株古代就種植的鳳尾鐵樹，傳說其中一株是五代南閩王、王審知（862—925）所植，另一株是湧泉寺第一代創寺宗主、五代梁時神晏禪師（？—943）手植。這兩株鐵樹的年齡，都在一千年以上了，而千年以來，這兩棵鐵樹，每年只長一兩片葉子，尤其在接近地球溫帶的福州，「鐵樹開花」，不僅是中國北方民間的奇觀，更是一種神瑞之兆。想不到，這兩株鐵樹卻在戒期中忽然大開乳黃色盆口大的花，傳為一時美談！這件「鐵樹開花」的事，已由文質和尚筆之於文，並且記之於《虛雲和尚年譜》。

⓬ 羯磨和尚：羯磨，梵語karma，義為「作業」。所謂作業，就是在傳戒大典中，向受戒的出家人，講解授戒的一切規章，懺悔自身過去惡業的理念。擔任這一工作的戒師，稱為羯磨和尚。

這一年，虛雲是九十一歲，而文質則僅七十歲初度。

虛雲在戒期圓滿後、過了夏天，到農曆深秋九月，才又由文質和尚陪同，回到昆明。他將雲棲寺的重任交給下一代——安定和尚接班，又請文質和尚留在雲棲，在來年春天主持「傳戒法會」。然後虛雲便蕭然一身，一鉢一鋤，離開雲棲。當地僧俗官民聽說虛雲和尚要走了，苦勸挽留，都被虛雲婉言辭謝。虛雲老和尚，這一生雖然住持過、中興過許多名山古剎，而最後都像他寄情山水一樣，功成之後，淡然他去，一無留戀。虛雲告別了文質和尚與寺中諸位出家眾，在起程回福州那一天清早六時，在雲棲山下、村落，擠滿十多里人群，以香花、齋宴來為他送行，來參加送別場面之人，莫不熱淚盈眶！

十論*重光祖庭

虛雲和尚於一九二九年（民十八）二月（農曆正月下旬）就任福州鼓山名剎湧泉寺第一三〇代方丈之職，到一九三五年夏正式辭職。他在鼓山任職前後六年，其中從一九三四年四月到一九三五年六月，被請到廣東曲江南華寺去重建中國禪宗真正的創立者──慧能大師的古剎，他在鼓山的任職過程，只有五年。這五年中，他將這座千餘年古寺，從寺風腐化中恢復了舊時真容，並且在每年春天二至三月、三十天中傳授「三壇大戒」，以振興佛門戒律。又請中國當代律宗大師慈舟（1870—1932）為戒弟子講比丘戒。另從外地廈門請到佛教青年菁英心道、印順❶（1906—）二位法師，出任佛學院的講師，專授佛學。

虛雲和尚一生充滿了奇遇和神蹟，他是中國佛教史上留

---

❶ 心道、印順：心道法師，其人事蹟不明。印順法師，即當代佛教思想家、九三高齡之印順導師，著作等身。當時印公時年二十六歲，在鼓山佛學院任教約一年後，便回普陀山閉關閱藏，俟民國二十六年出山，因抗戰到四川重慶，民國三十五年返浙江，曾住奉化雪竇寺主編《太虛大師全集》，民國四十二年來台，終年著述不輟，並於民國六十二年，以《中國禪宗史》一書，獲日本大正大學文學博士學位。

下奇聞最多的一代高僧。他在鼓山六年所發生的奇事，從蘇邨圃所編《虛雲老和尚十難四十八奇》❷一書，可見端倪。

例如：

一九三〇年發生的「鐵樹開花」；

一九三二年發生的「龍王受戒」；

一九三四年發生的「老虎皈依」。

虛雲和尚之離開鼓山湧泉寺方丈職務的主因，只是一場夢境中的啟示。到一九三五年（民二四）夏天，便接受廣東省主席李漢魂之請，去了粵北曲江，重建六祖慧能的古道場南華寺去了！

我們現在將他在鼓山任職六年，作一概括性的敘述。

虛雲和尚於一九三〇年（民十九）深秋九月，在香花夾道歡送之下，將昆明雲棲寺方丈職務交給定安和尚，自己便隻身上路，準備一個月後，回到福州，他當年出家受戒的祖庭——鼓山湧泉寺。

到一九三一年春天二月，按他的個人對提振佛門形象的理念，最重要的便是每年春天的「傳戒」與年終的「禪七」與經常的「講經說法」。此外，在鼓山，他最重要的任務，便是陸續更新數百年來已經破舊的殿宇堂舍，同時又在湧泉寺周遭，加建「平楚庵、西林庵、雲臥庵」以供女眾出家人掛單修道。同時，他也創辦了一所專供男眾僧侶研究的佛學院，命名為「鼓山佛學院」。時間在萬事紛忙中流逝。

---

❷ 《虛雲老和尚十難四十八奇》：於民國四十七年六月，由臺灣臺中市瑞成書局印行，講述者為當時有國大代表身份的蘇邨圃居士。蘇邨圃，本名蘇芬，法號寬邨，亦為虛雲和尚之皈依弟子。

到一九三二年春天傳戒時，大約在農曆二月中旬，有一天在山門外，忽然來了個白髮老翁，看起來容貌不俗。這個老人走進湧泉寺韋陀殿，再越幾重殿堂，便直入方丈室；到了虛雲老和尚面前，忽然伏身下跪，說要請老和尚為他受戒。虛老就問他：你姓什麼？名字是什麼？那裡人？……那老人說：「姓楊，家住閩江口的南台島上。」然後，虛雲便命侍者將這老人帶到「戒壇事務處」去登記，安排他受「在家菩薩戒」❸。

等到「戒期」結束之期，出家人和在家的居士都也受完了戒，也領了「戒牒」❹，就沒有人再見到那個姓楊的老人蹤跡了！

在這一年「戒期」中，同樣有一位出家的比丘❺，法號妙宗，也是南台島人，據他說，他在南台一帶從沒有見過這位姓楊的老人。等到比丘戒圓滿，妙宗和尚回到他的故鄉南台，到處查訪，都沒人知道那位姓楊的老者家在何處？其人

---

❸ 在家菩薩戒：按佛教「在家菩薩戒本」，是為未出家的信佛者，訂定的戒律條文。在家人受戒分為兩種，一是「五戒」；一是「菩薩戒」；在家菩薩戒，共「六重」、「二十八輕」；出家菩薩戒，則為「十重四十八輕」。所謂「六重二十八輕」，即「六條重戒、二十八條輕戒」。其內容請參看《在家菩薩戒本》。

❹ 戒牒：即凡受戒者，在戒期結束後，所領的受戒「證書」，其形式古今各異，但內容則依不同的戒條而訂。

❺ 比丘：梵語bhiksu。新譯作「苾蒭、煏芻」。意為「乞士、道士」等，是佛教徒出家、受具足戒之的男性僧侶之通稱；今俗稱「和尚」。

為誰？後來有一天，妙宗路經當地「台橋」鎮邊近海的一座「小龍王廟」時，他信步踏進這座三間房的「水神」祀廟，向正中主神位上一看，那俗稱「龍王」的神像，卻不是龍的形狀，而是一個老頭的座像，而那老頭的神像，赫然與那位到鼓山受「菩薩戒」的楊姓老者一模一樣，更令人驚詫的是，那位龍王神手中也拿著一本「戒牒」，妙宗伸手取下一看，正是鼓山戒期所頒授的「菩薩戒」證書。妙宗都幾乎不相信自己的眼睛，為了對龍王神還存有敬畏之心，便把戒牒再送回到神像手上。於是，這一發現，「龍王受戒」，從此轟動了這一近海小鎮，整天都有好奇的老百姓成群結隊，來看這位手中拿著戒牒的楊姓龍王！

這種奇事，是非常不合邏輯思考的，後來也沒有人來查證。但是類似的奇聞異跡，發生在虛雲老和尚的身邊卻屢見不鮮。而我們也無法以科學的角度來評估。

在與「龍王受戒」同一戒期中，又有另一位老人，在清末中過舉人，六十六歲，後來又留學過日本，在橫濱做過大同華僑學校校長多年，此人是廣東中山籍的張壽波，他於一九三〇年在廣州出家，這一次同樣到鼓山來受「比丘大戒」。因為他是高級知識份子，學貫中西，受了戒之後，自然被老和尚留了下來，在湧泉寺主管經藏整理工作。

虛雲老和尚，對人是因材倚重，因為鼓山湧泉寺在它的歷史上，就保存有極多古版經藏、善本書，可是乏人問津。在一九二九年（民十八）冬，當代律宗高僧弘一大師也曾在這裡借到一部清初道霈禪師所輯《華嚴經疏論纂要》，印行二十五部，分送國內名山與日本珍藏，因此鼓山之古版經藏之豐，揚名海內外。

張壽波，出家後法名：明一，號觀本。此後在虛雲和尚座下，協助整編「鼓山自唐德宗建中三年（七八三）建寺，到虛雲和尚於一九三〇年就任鼓山方丈，歷一千一百四十六年，傳宗一百三十代」的人物傳記。待一九三五年，虛雲接掌曲江南華寺之後，又隨虛老去南華，擔任首座和尚❻，直到抗日戰爭勝利，觀本法師因病於一九四六年元月八日（農曆民國三十四年臘月初一）西逝，享年七十八歲。觀本身後荼毗❼，得舍利子一百餘粒，他的出家時間計十六年，皈依他座下的弟子有一萬多人。

到一九三三年鼓山「春戒」期間，虛雲和尚又邀請了當時駐錫在上海的華嚴專家應慈法師（1873—1965）到湧泉寺講《梵網經》❽。在戒期中，由於日軍攻佔山海關，這前後三年間，日軍不斷侵華，連年發生了「九一八（民二十）、一二八（民二一）」事變，當時日軍不但攻佔了東三省，也向關內虎視眈眈，因此造成北方出家的和尚大批湧向南方寺院，福州湧泉寺是千年來的大道場，自唐代以後便接受「雲水僧」❾掛單，再加上一九三二年冬蔡廷鍇（1892—1968）的

---

❻ 首座和尚：首座，即「首席」，又稱「上座」。首座和尚，通常設於佛教大叢林中，其主要職責，在寺院為「講經、坐禪、法事」之主持人，其地位僅次於「方丈」。

❼ 荼毗：巴利語jhāpeti，意為「焚燒」，即今之「火葬」或「火化」。

❽ 梵網經：此經見《大正藏》第24冊、第997—1009頁。此經為律部經書，其內容主要講「十重四十八輕」之出家菩薩戒。

❾ 雲水僧：雲水指一種不確定、來去漂泊之事物；雲水僧，即指到

十九路軍發動「閩變」[10]，福州地區所有的寺院都已拒絕掛單，惟獨湧泉寺不為所動，收容北方各地來的逃難僧住雲水堂，達一千五百多人，終於造成寺中存糧將盡，每天只能以一粥一飯來維持多人的生活，直到二年之後，戰爭威脅稍緩，外地比丘們才逐漸散去。

一九三四年，虛雲和尚已經九十五歲，視之猶如六十歲人，精神依然爍爍如壯年，惟髮已半白。他的身體有異常人，為世間所少見。他不顧一切艱難，使鼓山重返古風。此時他將「戒律學院」與「佛學院」合併，使之一元化。院長請慈舟法師擔任，將「戒定慧」合而為一。但是這一年農曆二月，有一天晚上正在坐禪時，恍惚定中，見到禪宗六祖慧能突然出現在面前，他心頭一震。慧能對他說：「時間到了，你也該回去了！」這一剎那間，似夢非夢，使他覺得「自己是不是世間因緣已盡，六祖才來告訴我，該回去了！」下座之後，他把這一段經過告訴了觀本法師，但觀本還是安慰他：「大

處參訪、雲遊、掛單於非常住之寺院的出家人。

[10] 閩變：指一九三二年（民二一）上海一二八事變，當時十九路軍司令蔡廷鍇在上海抗日，戰爭結束後，調至福建剿共，但在中共影響下，與當時「紅軍」簽訂「抗日反蔣」協定，與廣東將領陳銘樞、李濟深、蔣光鼐等發動「福建事變」，對抗中央，成立「中華共和國人民革命政府」，但閩變被國民政府軍剿平而失敗，因之外逃歐美，到民國二十六年抗日戰爭開始返國，再任二十六集團軍總司令，到民國三十三年桂林淪陷後，回廣東羅定故鄉居住，到一九四九年後，參加「國民黨民主促進會」。一九六八年逝世於北京。

概是六祖召喚您回南華去重建故園吧?」

就像這樣，這個疑案拖到四月間，又有一天晚上，連續三次夢中，六祖來催他「回去」。「回那裡去呢?」頗為不解。

又過了幾天，果然，駐粵北韶州（即「韶關」）的第二軍第六師師長李漢魂（1896—1987）來電，懇請老和尚速回曲江，為南華寺祖庭重建一番，南華面目已破敗不堪了。其實，李漢魂與鄒魯（1885—1954）這些廣東才俊，都曾皈依過虛雲為白衣弟子。李漢魂駐軍粵北，司令部在韶關，此人因為信佛虔誠，當他在防區內看南華寺一片淒涼，對主要的殿堂外觀，已自行出資加以修葺，直到同年九月告一段落。一方面，他又發電給鼓山虔請虛雲老和尚，能回到南華寺，重建這一歷史大剎。到十一月間，廣東的重要護法居士，又要求虛老在這年底到南華寺來傳比丘大戒。

虛雲老和尚受到粵籍弟子們的禮請，在這一年五月間暫離鼓山，南下廣東，到南華寺作全般勘察，在冬天傳戒時，因很多殿宇多已破舊不堪，只有賴寺中僧眾以竹棚搭蓋草屋為寮。此次來山受戒的各地僧俗三百多人，也只有隨寓而安。此時廣東地方的官員、士紳，也有很多在戒期中皈依了虛雲老和尚。當農曆十一月十七日入夜，虛老在正殿結壇說「菩薩戒」時，有些軍方官員也帶著衛士來報名受「居士戒」⓫，到晚上九點鐘，正說戒時，有一位護法居士江孔殷的兒子江叔穎站在藏經樓上對外遠眺，忽見山門外，有兩道電光直射而來，這江姓少年不知那光線發自何處何物，便下樓出了寺

⓫ 居士戒：即未出家的佛教徒受的戒。概分「五戒」、「菩薩戒」二種。

院，到山門外去就近一看，我的天！面前站的竟是一頭老虎，那電光在老虎眼睛裡閃爍放射，十分嚇人！這年輕人見狀回頭便跑，一面大叫「有老虎來了！」接著驚動了受戒的軍人，便拿著手槍，衝出寺門想把老虎射殺，虛雲老和尚也聽到殿外嘈雜聲，又聽下面人說寺門前有野生老虎逡巡，便起身下座，隨大眾走出山門，急忙制止受戒的軍官——不可射殺老虎！此時又有異象發生了！原來那隻老虎好像已知道寺內聖僧來了，便伏身在門前石階下。虛老走到老虎身前，彷彿對小孩子一樣，合掌為那畜生說三皈依⓬道：「望你從此，皈投佛陀座下：皈依佛，不墮地獄；皈依法，不墮餓鬼；皈依僧，不墮畜生！自今以後，你要消除瞋恨心，重返善道吧！」說「三皈依」後，又跟老虎說：「你以後不可再隨便下山了！你要隱居山林，不可再傷害生命了！……」老和尚身後有一大群人站在門內看著這一齣令人又驚又懼的奇景，接著虛老像對一個皈依他的弟子一般，一再叮嚀囑咐，無懼無畏地看著伏在他面前的溫馴的老虎。那頭老虎伏在地上一會兒，才又戀戀不捨地站起，在山門前徘徊巡視幾番，離寺入山而去。

此後，這隻老虎每年都會在南華寺山前山後「出巡」一兩次，結果，平日山上頻頻出現的野豬、野獸都消失不見了。如果遇到老和尚在寺中，這頭老虎會偶一發出兩聲吼嘯，虛老便聞聲走出山門，到老虎身邊，安慰牠一番，勸牠多多自我克制，再命牠回山裡去。虛老自為那頭老虎說「三皈依」

⓬ 三皈依：指初信佛的人，要成為正式的佛弟子，便要受「三皈依禮」。通常由出家的比丘來授。此「三皈依」，即「皈依佛、皈依法、皈依僧」，惟內容稍繁，不備述。

之後，曾留下一首五言偈語，偈云：

虎識皈依佛，正性無兩樣；
人心與畜心，同一光明藏。

虛雲老和尚為老虎說「三皈依」的奇事，是當時參加戒壇受戒的僧俗三百多人所共知的事實。絕不是後人杜撰。對一頭兇猛野獸，能這樣馴服地接受一位老僧耳提面命，這需要何等心地與悲情呢?

一九三五年（民二四）春天，李漢魂的軍隊被調到粵東駐防去了。南華寺的整頓，因為乏人支助，更形艱難；而且福州湧泉寺的職務還沒有交卸。虛雲老和尚到新年又接受香港「東華三院」的邀請，去港主持一場「水陸道場」大法會，法壇設在香港著名的佛教道場——東蓮覺苑。法會完畢，再轉回福州湧泉寺，辭去方丈職務，交由監院盛慧和尚⓭（1874—1958）來代替，後來由圓瑛法師接任第一三一代住持。然後虛老再回曲江南華寺，從此埋頭重建這一座慧能大師留下的禪宗開山祖庭！

綜觀虛雲和尚在福州湧泉寺六年方丈任內，他對湧泉寺的興革與重建，有三大成果。

⓭ 盛慧和尚：福建福安人。當虛雲和尚任鼓山方丈時，他是「監院」，虛老離鼓山，由他代理方丈，不久將方丈職交由圓瑛法師（1878—1953)，於一九三七年二月就任鼓山方丈，到一九三七年十一月離職，再由盛慧接任鼓山第一三二代方丈之職，直到一九五八年十月十日示寂。

一、寺制改革

過去湧泉寺的僧侶，在寺內私收門徒，培養個人勢力，造成內部派系林立，形成一寺多制現象，人事紛擾，違反佛制。虛老到任後，嚴命撤銷在寺內個人私下結夥收徒現象，再則取消個人私設廚灶、吃小鍋飯；此後全寺數百僧眾一律平等，吃大鍋飯，方丈亦不例外。

過去寺中的首座（或兼監院）多到數十人，虛老到任後，將首座減到一人，助理監院一人，「知客師」⓮則由八十多人削減到五個人，分別擔任各重要院殿接待來賓工作。至於寺中「書記」⓯的空銜，一律取消。一切事務，皆因事設職、因材用人。不過在三大人事措施推行之後，卻遭到當事人懷恨在心，經常聯合起來，對抗虛雲，甚至暗中策動謀害這位九十多歲的老人；其中又曾縱火燒屋，再破壞寺中一切新建設施與秩序。因為虛雲破壞了他們的利益。但這位老禪師不為所動，這些人即使破壞設施、搗亂秩序，虛雲依然寬恕他們，感之以德，經過兩三年之後，才終於形成鼓山新的氣象，樹立了以戒律為一切規範的寺制。

二、整頓道風

鼓山湧泉寺的道風，一向馳名海內。而時至清末民初，「禪宗」家風與戒律精神，已喪失殆盡。每天一些僧侶們閒著無聊，既不坐禪，也不上殿誦經。虛雲就方丈職以後，便嚴令恢復每天「十二枝香的禪坐」之修道常規，每年春天傳「三壇大戒」一次，冬天打「禪七」⓰一回，並號召國內各

⓮ 知客師：此職係寺院中專負「接待來賓」工作的出家人。

⓯ 書記：此職係寺院中專任文書業務或兼秘書的出家人。

地修禪的僧人一同來鼓山「打七坐禪」。因此鼓山禪風從此大振。而寺中如有些僧侶不參禪者，則另設念佛堂定時念佛，並請慈舟法師主持「念佛法門」。

對四十歲以下的出家僧眾，讓他們先讀「戒律學院」再進一步入「佛學院」，透過嚴格教學，指導他們深入經藏。佛學院的師資，除由南普陀佛學院請到的印順法師，另有大醒（1899—1952）、宗鏡⑰諸比丘界青年才俊任教。

到虛雲就任鼓山方丈兩年之後，「律學院」與「佛學院」結合再改組為「法界學院」，由慈舟法師統合領導。

此時的鼓山經常固定的駐錫⑱僧眾，已有三百多人。每天除早晚上殿、定時坐禪、誦經，青年僧則按經藏深淺程序，依師受教。虛雲老和尚雖已九五高齡，依然以身示範，嚴守寺規，衣食住行，與寺僧同進退，坐禪、早晚殿堂也從不缺席。每年夏季「安居」⑲時，講經專家請的是華嚴學大師應慈與律宗慈舟法師任之。

---

⑯ 禪七：指七天為期參禪修道的簡稱。如「念佛」則稱「佛七」。

⑰ 大醒法師：江蘇東臺人。為太虛大師門下的法將，主辦《海潮音雜誌》多年，來臺後於一九五二年以高血壓症示寂於臺北。宗鏡：其人不詳。

⑱ 駐錫：錫指僧人傳承法統之「錫杖」，他到那裡，錫杖便在那裡；因之「駐錫」便引申為到某地寺院暫居或常住之義。

⑲ 安居：按印度佛教古制，當夏季從四月十六日起九十天。這三個月間，出家人在寺院禁足不出寺門，潛修佛道。稱之為「結夏安居」，簡稱為「安居」。另一層意義，則是為避免夏季雨多、爬蟲多，僧人避免外出，誤踏生命。

三、舊宇重建

湧泉寺的殿宇房舍，經過千年歷代翻修，在宏觀上還算規律、美觀；只是自清代以後，外型已老舊破敗、油漆剝落。虛老到任後，便重新規劃，整理修繕、油漆增補，對內部因改革而心懷報復的僧眾暗中縱火燒毀的寮舍，均加以重建，一面再加建「念佛堂、延壽堂、佛學院」諸多新屋，為「如意寮」加建二樓，作寺僧療病、休養的專用房舍。

鼓山在虛雲任期中，從「寺宇的增修到寺規的重振，與戒律、經藏的研究」，都是國內寺剎一股中興的氣象。

當他在一九三五年六月離開鼓山，回到南華寺時，滿目所見，另是一番殘破淒涼的景象。他到南華寺第一件要做的事，就是翻修「祖師殿」[20]、新建「觀音堂」、與增加僧眾棲息的寮房。到這一年冬天十一月，南華寺外「伏虎亭」[21]之北，卓錫泉之南，有老柏樹三棵，是宋代種植，已枯死三百年，當虛雲就任此間方丈時，忽然再發新枝，為虛雲一生再添一次奇蹟。當時追隨他到南華任職的首座（監院）觀本和尚曾以〈南華枯木吟〉一頌記其事。在此歌〈序〉中有云：

> 南華祖庭後九龍泉畔，有參天老樹三棵，其一上段已枯折；其二枒杈搖落，不知幾經年月也。鼓山雲公老人入主祖席，乙亥冬期傳戒，四方來者數百人。自明代憨山

[20] 祖師殿：此殿專供禪宗歷代祖師之像，以紀念之。稱為「祖師殿」，惟此殿多盛行於中國禪宗。

[21] 伏虎亭：此亭為紀念虛雲和尚於一九三四年冬，一頭老虎到南華寺受皈依之事。

> 清公（1546—1623）而後，冷落數百年之祖庭，忽欣欣有朝氣，而物感亦於然起變化，冬月寒枝，忽發嫩芽，三株次第向榮。昔聞玄奘三藏，西域取經，靈巖寺之古松，枝枝西向，及歸，枝忽東迴，門弟子喜曰：「教主歸矣！」乃西迎之，公果還，遂號曰：「摩頂松。」今此瑞應，得無類是？因為長歌記之。（歌長不錄）

南華寺的重修再建，到一九三六年三月「傳戒」的時候，已陸續完工。待「戒會」結束，四至六月間，先後有三位政府首長到南華寺來瞻仰六祖慧能大師肉身像，這三個人分別是「中華民國政府主席林森、考試院長居正（以上二人信佛）、行政院長兼軍事委員會委員長蔣中正（介石，信基督教）」。

這三位政府首長，其中林、居二位曾出資重建大雄寶殿，蔣委員長，則支持並著令廣東省政府將南華寺門外五百公尺遠的一條溪流因上游沙石沖積日久，加以疏濬，避免南華日久受害。又加上七月間一場大雨將直射寺門的河道沖滿積土填平，河水則另開一條新道，從此南華寺不再有水患之憂。

更為奇異的是，這一年春末三月戒期完了，駐防曹溪的軍方團長林國賡來寺拜見虛雲老和尚，來時帶著一個竹製的籠子。籠子裡拴著一條黑斑、白毛、尖嘴、長尾巴的狐狸。那位林團長對虛老說：「這條狐狸是幾個月前在廣州白雲山被獵人抓到的。我的朋友以四十元買下來，起初想把牠當作補品、殺死吃了，可是每天看著這隻小狐狸目光閃閃，又善解人意，所以不忍心殺牠，因此把牠關到廣州動物園的一個柵欄裡。不巧，這隻狐狸的買主又因事入獄，雖然還沒有判決，但案子卻一直懸而未決，他的妻子便在一個神壇裡扶乩求神。結果香案上出現的文字，說他丈夫入獄、案子不了，是因為囚禁狐狸的報應。乩文又暗示曲江曹溪南華寺內有高僧說法，可將狐狸送去放生，他的官司可了。」——這種事本來就如煙似霧，真象難明。而這一家只好姑信有之。那個女子便籌一筆錢將狐狸從動物園贖回來，因為她丈夫與林團長是舊交，當林返回曲江曹溪防地時，便託他將狐狸送到寺裡來。

虛老聽到林某這一番敘述，便將狐狸收下來，先將狐狸放在自己膝前，讓牠伏地而臥，然後為那狐狸說「三皈依」，納為佛弟子。一如二年前為老虎說皈依一樣，再把牠放歸山林。

誰知，這隻狐狸並沒有從此消失於草莽之中，反而經常像一隻狗樣回到寺裡求食，寺僧個個也都知道這隻狐狸的來處，牠一來就餵一些齋飯。接著虛雲老和尚又為牠受了五戒，成為一個持「戒殺、戒盜、戒淫、戒妄、戒酒」的狐弟子。這狐狸自此也就不再吃「眾生肉」。但牠喜歡水果，寺裡修繕房舍的工人，每每拿牠開玩笑，要給牠吃水果的時候，就在水果裡加一點肉滓騙牠，誰知這狐居士一聞肉味，便大聲狂嘔將水果吐出來——然後伸出前爪滿臉抓撓，狠狠瞪眼看著那些逗牠的工人，然後縱身沒入深山，多日不再回寺。

但有一天，這隻狐狸被南華寺附近的鄉民發現，想捉住牠剝皮。牠一面驚逃竄躲，最後揉升到一棵十多丈高的大樹上，抱著枝幹嗷嗷悲嚎，這才驚動寺中一個小沙彌，奔到方丈室向老和尚報告，虛雲老和尚一聽便趕出寺門，向遠處那棵大樹上瞭望，想不到那狐狸認準是救星來了，便一縱而下，用嘴巴咬住老和尚的衣角不放，彷彿家犬見到主人。於是老和尚把牠帶回寺中飼養。後來為避免再度受到獵人捕殺，又用籠子把牠關著。但偶然也會把牠放出來透透風，而平日都在寺中，不再放歸山野了。

可想不到，這一年七月一天，軍事委員會委員長蔣介石忽然率十多位侍從來到南華寺，當他們進入山門，事先寺方並不知情，這群人走入寺內中庭，忽見有一隻黑斑、白毛、似狗非狗的動物逡巡在天王殿邊，侍衛恐怕這頭動物會驚嚇委員長，便要持槍射殺，但為蔣氏制止。那隻似乎能知人意的狐狸卻搖著尾巴，像狗一樣抬頭引著蔣氏向大殿走過來，當一群人到大雄寶殿中間，那狐狸便縱身離開蔣氏，飛奔殿後院落一角的二樓方丈室，用嘴巴咬著虛雲老和尚的衣襟往樓下拖，直到老和尚走到大殿與蔣氏晤面寒暄，虛雲老和尚便為蔣氏敘述這隻狐狸的故事，弄得主客兩方人人大笑起來。

這隻狐狸知道老和尚疼牠，有如老爸老媽，天不怕地不怕。牠每見老和尚打坐，也就坐在老和尚一邊學「參禪」狀。如果牠見老和尚坐得太久，牠耐不住了，就常常用爪子撓著老和尚的鬍子玩。老和尚睜眼看看牠，說：「你鬧什麼？你也有靈性呀！不要再野了！」這狐狸在南華寺可說是「天之驕子」，因為寺裡人人慣牠，牠是十足的自由身，牠偶一也會蹓出山門找附近店家的小男孩玩一玩。

就像這樣，過了幾年快樂的生活，這狐狸有一天不知為何被寺外一輛車子輾成重傷，以致前腿骨折爬不起來，等到被人救起送回寺中，老和尚看到牠時，牠還勉強撐著腿半立著，讓「老爸」看看牠的傷口。老和尚見牠的骨折很嚴重，兩條腿都斷了，知道牠命已不久，就跟牠說：「你這副皮囊已沒有什麼值得留戀了。放下它吧！多懺悔過去世的罪業！唉！你只因一念之差，墮入畜生道，這次又遭到車輾，受到這樣痛苦，這也是過去世的罪報將滿了，望你一心念佛，早求解脫吧！」

那狐狸，好像聽得一清二楚，連連點頭。——過了一刻鐘，突然大呃三聲，便垂頭伏地而死。牠的屍體放在寺裡兩天，還像活著睡覺一樣安靜、可愛。最後寺方為牠準備了一副小木棺，依「亡僧喪例」，葬於後山。虛雲老和尚最後為牠寫了一首「墓誌銘」來紀念牠。

虛雲老和尚從一九三五年六月接掌南華寺方丈，到一九四三年（民三二）農曆十二月辭退，去韶關西五十公里的山地——乳源縣重建「中國禪宗——一花五葉[22]中的『雲門宗』初祖、文偃禪師（864—949）的道場」，總計他主持南華寺務，重振家風前後八年。

這八年的辛勤耕耘，已有老和尚〈重興曹溪南華寺記〉[23]一文記其事。其中重要興革，較之鼓山湧泉寺規模更大。尤其建築方面，從「大雄寶殿之重建到許多偏殿寮舍，乃至韶

---

[22] 一花五葉：指中國禪宗自六祖慧能開始，從單一的傳承，發展為五宗。這五宗便是：(1)臨濟宗（臨濟義玄）、(2)曹洞宗（洞山良价）、(3)雲門宗（雲門文偃）、(4)法眼宗（法眼文益）、(5)溈仰宗（溈山靈祐）。慧能象徵「一花」、五宗象徵「五葉」，故稱「一花五葉」。

[23] 此文見臺北天華版《虛雲和尚年譜》頁107—119。臺北佛教出版社一九七四年版《虛雲和尚法彙》頁126—141。

關的南華下院——大鑑寺重修、月華寺之接待雲水僧、無盡庵之容納女眾;僅新建的梵宇殿塔,就有三百四十三間之多」。至於「革除舊習、恪遵戒規、安僧辦道、重振祖風」,都是一片新氣象。到此時經常安住男僧眾已達五百餘人。

在中國近代佛教史上,足資啟示後人者,還有下列兩端:

一、活佛皈依

在中國一千九百年佛教發展中,顯教㉔出家的僧侶,歷見皈依或投拜西藏密宗喇嘛或活佛為師的事。乃至民國太虛大師(1889—1947)及其學人法尊(1902—1980)、大勇(1893—1929),及目前在臺灣推行印行佛經的廣定法師,都曾從顯入密,皈依接受灌頂於密宗活佛,至於藏密的喇嘛、活佛,從未見過皈依大乘佛教的法師。密宗喇嘛所以能受到顯教出家人拜為「上師」(guru),主要在於密宗理念的強烈「神秘主義」,與它的原典有許多來自梵文而為漢傳佛典所無。

可是虛雲老和尚卻在一九三七年春末,在南華寺傳戒後,受到「廣州佛教居士林」的邀請去講經,當時西藏來的「榮增堪布(活佛)、羅格更桑(喇嘛)」等十多位黃教出家眾,到居士林來皈依他。藏密在佛教事理上,總強調「神秘主義」。例如:「活佛轉世、中陰救渡、持咒灌頂、即身成佛。……」都有這種傾向。我想這些西藏喇嘛之所以棄藏密尊嚴來皈依一個中國禪宗九十八歲的老和尚,最突出的原因,便是發生

㉔ 顯教:佛教由印度傳到中國的佛教教義,為初、中期的佛教,因一切義理無不可告人之神秘主義色彩,稱為「顯教」,相對的傳到「西藏、蒙古」一帶,有強烈神秘主義及儀軌的佛教稱「密教」。從教義之傳承態度言,簡稱為「顯密」二教。

在虛雲老和尚身邊的神跡異事太多，尤其是他的禪定工夫為近數百年來無人可比。不管為何，在大乘顯教的千餘年時空裡，他是第一個受到密教喇嘛皈依的大師，此後再未見任何顯教高僧大德受喇嘛皈依過。

當這場歷史上所罕見的皈依禮之後，七月七日發生了日軍侵華的蘆溝橋事變，史稱「七七事變」。虛老的講經宏法活動因在中國南方，當時尚少有影響，在此後三年間，廣州還沒有淪入敵手以前，他的活動範圍，大都在「曲江、廣州、香港、潮州」這一線，同時接受數以若干萬人皈依為佛門弟子。尤其是「香港東華三院」㉕的禮請，對香港佛教發展的影響最大。

一九四〇年四月，廣州失陷，廣東省政府遷到粵北曲江。廣東省佛教會也在曲江成立。於是當時已經一〇二歲的虛雲老和尚被推選為「省佛教會」理事長，佛教居士林林長張子廉副之。

在南華寺任職期間，神奇現象依然不斷在虛老周邊發生，

㉕ 香港東華三院：簡稱「東華三院」，這三院分別是「東華醫院、東華東院、廣華醫院」之合稱，且都是「醫療機構」。此三院係香港人士於一八五一年起，於太平山街的「廣福義祠」（神壇）開始，信眾於一八六九年首建「東華醫院」、一九一一年建「廣華醫院」、一九二九年建「東華東院」，並設有理事局管理，自1990年後，每天接受醫療的病人，約四萬人次。此三院為香港最大慈善機構，其中主事者多信仰佛教，如何東爵士等，其分支機構像「東蓮覺苑」便是佛教道場。因此虛雲老和尚去香港講經，多由此一團體邀請。

像「樹神求戒」[26]、「日機相撞」之事，都令人非常迷惘。

日機相撞的事，發生在一九四〇年七月間，日本軍方經常派出飛機到粵北一帶低空偵察軍情。日方懷疑我方「前線軍事會議」要在南華寺召開，必有中央要員及地方軍事將領參加，所以派了八架軍機到曹溪地區上空環繞南華寺周遭低飛不去。弄得這一帶老百姓整天驚惶失色，飲食難安，飛機一到，便逃到荒郊野嶺躲避日機機槍掃射或轟炸。當時虛雲老和尚一看情況不妙，便命僧眾都回到自己的寮房附近隱蔭處躲避。寺中的客人──包括軍政要員，則進入「祖師殿」內暫時停止活動。自己則獨坐大雄寶殿中入定。不久，其中一架飛機俯衝而下，投下一顆炸彈，但落在寺外河邊的樹林裡去了，沒有傷到人。而機群依然環飛在寺周十多公里範圍，盤旋不去。像這樣，不到一小時，在寺西五公里的地方──馬壩，低飛的日機飛到這裡，突然兩架飛機互撞，爆發空中大火，弄得機毀人亡，遍地殘骸。另外六架飛機便嚇得魂飛天外，落荒而逃。從此敵機再沒有到曲江以南──曹溪一帶轟炸了。

一九四二年農曆十一月初二日，陪都重慶國府主席林森派專使屈映光（1883—1973）及省佛副理事長張子廉到曲江，來南華恭請虛老和尚去重慶建「護國息災法會」。虛老於十一月六日動身，從曲江坐車，經湖南衡山，到祝聖寺拜佛之後，再由廣西省主席李濟深派人接到桂林月牙山風景區小住數日，之後直赴貴陽轉往重慶，與林森及法會發起人戴季陶（1890—1949）見面，決定於次年元月在重慶「慈雲、華嚴」

[26] 樹神求戒：這一異聞，見臺北天華版《虛雲和尚年譜》頁96。

二佛寺舉行法事。到當月二十六日圓滿結束。

二、蔣氏問難

一九四三年元月法會期間，署名供齋的要員，有「林森、蔣中正、戴季陶、何應欽（1889—1987）」諸氏。

因為此時虛老已年高一〇四歲，而一般人總以為他八十來歲。另一方面因為他的奇事極多，連政治上的重要人物，也對他的禪定工夫有所知悉，於是引起行政院長兼軍事委員會委員長的蔣中正注意。可能蔣氏因受到夫人宋美齡女士的影響而信仰基督教，但他的母親王太夫人則信仰佛教，對佛教他還是帶幾分景仰的。可是有些佛教事理他還無法了解，因此藉這次法會之便，就以便條提出許多問題，命人送給虛雲老和尚，請他方便答覆。自此，虛老便有〈答蔣公問法書〉㉗傳世。這篇五千多字的「問法書」，除解答其中關於佛教的基本義理及「佛法非迷信」等問題之外，最重要的是提出了「基督教脫胎於佛教淨土宗『阿彌陀經』的石破天驚之論」。

虛老答覆的內容，如次：

「——根據近代學者研究，基督教之起源，脫胎於佛教淨土宗的《阿彌陀經》。試觀耶穌身上披的衣服，也如佛教早期出家人搭的大衣一樣，而非世俗西方人極古時的衣著；他的衣著與佛陀所披的衣形式相同。《阿彌陀經》說到『西方極樂世界』，耶穌也說『天國極樂』；淨土宗分往生為九品；耶教李林《天神譜》也分天神為九品。《阿彌陀經》說『不可以少善根福德因緣得生彼國』，耶穌也說：『你不在人間立

㉗　〈答蔣公問法書〉：見臺北天華版《虛雲和尚年譜》頁98—106。

功，上帝不許你到天國。」

「淨土宗一天十二個時辰念阿彌陀佛名號求佛接引，而耶穌教也在早晚祈禱上帝哀佑。——至於佛教密宗有『灌頂』之法，耶穌教也有類似灌頂的『洗禮』入教方式。因此從多方面看來，耶穌的儀軌、教理與佛教淨土宗的旨趣大致相同。惟一不同的是，耶穌以『上帝』為天地間惟一的主宰，人不能超越祂；釋迦則是人間成佛，人人可以成佛，人人可作上帝。在整個宇宙觀上，佛教是『緣起』論，人不必由他人主宰；世間的一切，都是因緣成就；人之能否成佛，端在自己。也就是說，耶穌採擷了佛家淨土宗的形式，另外創造了一個上帝代替阿彌陀佛。

「根據歷史來分析，耶穌出生於釋迦牟尼之後約七百年，在他的中年時間，失蹤那一段三四年間，可能由中東到印度去了。他在印度大乘佛教發展中期，曾受到佛教影響，並熟悉《阿彌陀經》內容，使他回到耶路撒冷之後，另創新教。耶穌曾去過印度，到目前雖沒有確實史料可查，但追尋他那一段『消失三年』的蛛絲馬跡，確有可能從大乘佛教擷取他建立初期猶太教的理念與構架，從而傳流至今天的全世界。

「耶穌教與佛家彌陀信仰，除其上層結構：一是『上帝論』，一是『緣起論』之不同，在修行上，耶穌教全依『他力』——信上帝得救；而彌陀信仰，則以自力為主，他力為輔來相結合。淨土法門以《楞嚴經・大勢至菩薩圓通章》為其核心結構，以念佛為行，因果相循，理事兼融。耶穌教說『永生』，淨土宗則講『往生』，這又是耶教與淨土宗的歧異處。『永生』之義與『寂滅』相對，佛家無生，所以無滅；終入佛地。所以阿彌陀稱為『無量壽』，這與耶教的『永生』意義大不相同。……」

虛雲老和尚一針見血地把耶穌教發展源流與佛家重要理念，以書面回覆蔣委員長，作為這一公案之結束。不知蔣氏看後有何感想。

虛雲老和尚在重慶主持的「護國息災法會」於一九四三年（民三二）元月二十六日結束之後，分別受到當時國府主席林森、軍事委員會委員長蔣介石、考試院院長戴季陶（傳賢）、 軍政部長何應欽等政府領導人之齋宴招待多日，到三月初，又回到廣東曲江南華寺，從事「七眾海會塔」的新建工作。在六月間，又設立了一所「戒律學院」， 在這一年十一月間，當他將南華寺重建工程告一段落之後，臨去乳源縣雲門寺之前，寫了一篇八千多字的〈重興曹溪南華寺記〉,來為六祖慧能的道場，留下了詳實的中興史料。

一九四三年十二月間，南華已是一片新興氣象，當時桂林行轅主任李濟深、廣東省主席李漢魂，都是虛老的皈依弟子或崇仰多年的佛教徒，此二人連袂來南華拜訪。他們談「雲門文偃」[28]的道場——乳源雲門山大覺寺埋在瓦礫中多年，令人傷感，是否可請老和尚再不憚辛勞，移駕去維護。虛公

---

[28] 雲門文偃：為中國禪宗「一花五葉」中的雲門宗初祖。文偃：浙江嘉興人，俗姓張，二十歲出家於空王寺，九二三年（後唐莊宗同光元年）建光泰禪院於乳源雲門山，故稱「雲門宗」。 西元九四九年（後漢高祖天福十二年）師八十六歲端坐入寂，傳法弟子八十八位。有《雲門匡真禪師廣錄》及《語錄》各一種行世。

因身負禪門最後的興亡大任，便一口答應。至一九四四年(民三三）二月初，他將離南華之前數日，在寺周全山巡視一番，以作最後之留痕，到中旬便偕同粵僧福果和尚，經由曲江縣城再西行，沿途巡訪乳源各地唐宋時代的禪宗古道場，但一無所見。最後才到達雲門山麓，只見眼前一片荒山野嶺、殘垣破壁，在殘存的建築中，只剩老屋兩三椽。這裡只有一個不識字的明空和尚看守祖庭。

明空也是五年前才到這裡來，獨守寒岩，艱苦萬分。虛老聽明空和尚敘述這五年的無衣無食、淒風苦雨的歲月，也不禁老淚縱橫。因此，這一次來雲門之前，已將南華方丈職務交與弟子復仁接任，自己由李濟深等護送，到這祖庭湮沒之鄉，一切都要從虛無開始。

虛老似乎有預知之智慧，南華不久將遇劫難，便在暗中將慧能與憨山二位大師的不壞真身，也運到了雲門。

這間破敗的荒陬古寺只剩「祖師殿」殘存，卻也岌岌可危。虛老暫住到一間觀音堂後面的一間破土屋中，接下來就是著手企劃重修工作。

到雲門之後，虛老如遇到南華寺有重要法事，仍會回去主持，像「水陸法會」、「春天傳戒」、「講經說法」等等，好在雲門與南華寺相距不過百十公里。

到一九四五年（民三四）五月，日軍從廣州向粵北入侵，曲江、乳源兩縣縣城相繼淪陷。雲門是山區，於是大批城市居民及軍人都到山區來避難，軍人則作戰略轉移。奇怪的是，佔領乳源的日軍始終沒有跨出縣城西進山區一步。但到當年九月三日，日本天皇昭和便宣布向中美投降了。

天下似乎太平了，全國人心沸騰，每日鞭炮不絕慶祝抗戰勝利，但這一場夢不到一年就變為泡影。

十一論*雲門事變

虛雲和尚從一九四三年（民三二）十二月初赴雲門，到一九五一年（民四十）初這七年間，一如他在「雞足山祝聖寺、昆明雲棲寺、曲江南華寺」一樣，重建、擴展、挽回道風，再興了乳源雲門山的大覺寺。在這一過程中，像「黑龍求戒、桃花現瑞」❶這些不可思議的事，又陸續出現在他的周遭。

每年春天傳戒，是他的定律，從未間斷。由於雲門地處廣東北部山嶽地帶，距南華僅百公里，如經由曲江赴廣州、香港也極為方便，所以就不斷地受到香港、廣州、潮州……等地的佛界人士之請，去講經說法，而皈依、剃度的門下緇素弟子，就不計其數了。

這一階段，除了他鞠躬盡瘁重振禪門道風，其中在一九四八年（民三七）初夏，又受邀去香港講經，返寺時接到昆明來電，昔日在終南山結茅的同修道友、後來到雲南輔助他宏傳佛教的戒塵法師，於五月二十一日，因在雲棲寺講「律」而失足跌傷，終至圓寂，世壽七十一歲。

這年冬天，美國有一位信佛女子詹寧士，由中美雙方外

❶ 「黑龍求戒、桃花現瑞」：見臺北天華版《虛雲和尚年譜》頁121、123。

交人員安排下，去拜訪從香港返國住在廣州六榕寺的虛雲老和尚。詹寧士已久聞中國這位禪宗大師之名；她自己因為研究基督教二十多年，依然找不到生命的入處；上帝的思想解決不了她心頭的困惑，所以，遍遊世界很多國家，尤其亞洲一帶佛教國家，想徹底解決「生從何來、死歸何處」的問題。她也曾在印度閉關四年，雖然略有所得，但疑關未破，才排除戰後交通的種種艱難，來中國尋師問道。

詹寧士先到香港，接觸與虛雲老和尚的一些皈依弟子之後，再由一位顏世亮居士作為翻譯，並陪同她到達廣州六榕寺，拜見老和尚，在六榕寺掛單兩天，便隨虛老回到曲江南華寺，參訪六祖道場並瞻仰六祖及憨山大師真身，且正式皈依在虛老座下為弟子，虛老賜她的法名：寬弘。而且虛老又特為她舉辦一次「禪七」。當時隨喜打七的人，有很多都是因為聽到有一位美國女子詹寧士專程來我國皈依虛雲老和尚座下，才來一睹盛況的！禪七結束之後，詹寧士又隨虛老去乳源雲門寺住了半個月，過了舊曆年關，才回美國。詹寧士之來華皈依一個中國禪宗老和尚，是近代佛教史上第一位西方人到中國皈依佛門的先例。

虛雲老和尚，在廣東各地及香港四處講經說法、傳戒禪修，席不暇暖，到一九四九年（民三八）南華寺春戒圓滿，又應香港護法方養秋居士之請，去香港為家裡新建的佛堂佛像開光，又講了一個月的《般若波羅蜜多心經》，這時已到五月底，有一天與皈依弟子岑學呂❷會晤時，私下談話裡，

---

❷ 岑學呂：為虛雲老和尚皈依弟子，法名「寬賢」，廣東順德人，後移居香港，於一九六一年（民五十）編定《虛雲和尚年譜》及

岑學呂沉重地對虛老說：「師父！長江已經撤退了，國民政府軍隊，眼看便要向東南及臺灣潰敗，華夏遍地哀鳴，中共的林彪部隊很快就要席捲兩粵了，我們將何去何從呢?」

這時一百一十歲的虛老沉吟片刻，抬眼看看他說：「學佛人隨處是家鄉，能一切放下就是道場，你安心吧，也謝謝你的關懷了！」稍停一下，岑學呂又問：

「大陸內地寺院，難免兵連禍劫，人們都知道，共產主義唯物至上，視宗教徒如敝屣，僧尼的浩劫指日可數了！您老人家為什麼不留在香港宏揚佛法，還要回到雲門去受苦受難呢?」

老和尚說：「你說的情勢確是如此！至於留在香港宏法，將來自有其人。談到我本身，另有一種責任。以我個人言，去與留都不在心上。重要的是，內地寺院庵堂，正面臨歷史上最危險的關頭，處處僧眾杌隉不安，如果中國佛教群龍無首，如果我趨吉避凶留在香港，棄內地千萬僧尼同道於不顧；如果沒有人為他們向當局聯繫護持，來解決他們生存的難關，恐怕佛法才真要在中國滅亡了。如我留香港，只圖個人安全，心能安嗎? ── 我必須回去啊！」

岑學呂聽完老和尚這番話，不由心頭泛起一陣寒顫，暗中痛呼，「中國的大地，要變色了，難道真像老和尚所預示的，要他老人家為中國各地未逃出的僧尼作依怙麼? 設若如此，佛教真要遭遇歷史上最大的劫難了！」 這是岑學呂的內心憂慮，想不到這一番憂慮，不到一年，就出現在中國同胞的眼前了。

《法彙》，此後二書流行海內外。其人生平不詳。

虛雲老和尚從廣州回到雲門，繼續從事他的重建工程與一些棘手的寺務工作。到一九五〇年（民三九）春天，又到南華去傳戒；接著打了四十九天的「禪七」，並將手中所存多的文稿和個人史料寄給香港的岑學呂，以俾作為日後編輯「年譜」之用。

老和尚駐錫雲門，於今已經六年，文偃禪師的大覺古寺也燦然大備。不過每年例行的春天傳戒，仍在曲江南華寺。

一九五〇年底，中國大陸已全面改旗易幟，國民政府軍隊也全部退出五千年來華夏之邦，改為「中華人民共和國」。廣東地方的共產黨幹部與潛伏人員，都一變而為當朝新貴，作為一個佛教的出家人，虛雲老和尚心理已做萬全準備，生死不過皮囊一具。

就在一九五一年（民四十）春天二月間，南華寺開壇傳戒不到一個月，寺中各地來受戒的僧眾雲集，而「常住」的比丘也有一百二十多人。到農曆二月二十四日這一天，清晨七點鐘忽然有一大群中共地方幹部從山下撲進寺區，他們到山門前兵分八路，將全寺包圍起來。馬上又禁止寺僧出入，限制所有僧俗行動。為首的幾個幹部，直衝到寺中大雄寶殿後方的方丈室，將一百一十二歲的虛雲老和尚拘禁起來，派兩個專人看守，再將寺中各堂僧眾分別囚禁於「禪堂、法堂、祖師堂……」各堂舍中，接著上自屋瓦，下至地磚、牆壁、床櫃、佛像、經書法器，到處挖掘搜查，一百多個土幹民兵把全寺抄得天翻地覆，一直抄了兩天，結果什麼反動資料都沒有搜查出來。而這些地方幹部心有未甘。——這麼大的和尚廟，怎麼沒有私藏金銀錢財？「我們無產階級政府，就是不准這些反動派興風作浪!」當這一群地方幹部沒有搜出任何可供強加罪名的證據或大批錢財之時，一氣之下，便將寺中監院明空和尚和執事僧❸惟心、悟慧、真空、惟章等五個人抓起來，連同會計部門的所有賬冊、對外函件，還有虛雲老和尚出家以後九十多年來的文稿，全部用麻袋裝好，拿走了。

這一場鬧劇，背後的消息是：「乳源地方幹部聽外面謠言：雲門寺藏有國民黨遺留的軍械和發報機，準備對付人民政府。而雲門寺因剝削人民，又私藏許多金條和銀元，所以人民政府就有權力把這個廟與和尚們一齊幹掉，使他們死無葬身之地!」

這一百多個土幹部一哄而去之後，事件並非就此完了。過了三天，又帶走二十六個僧人，到乳源地方的一個公安派出所，便以種種酷刑侍候，電擊、灌水、拔指甲……逼和尚供出國民黨死硬派私藏的軍械在那裡？剝削人民的金銀錢財又在那裡？這些出家人被這一番酷刑毒打逼供，弄得莫名其妙。寺裡藏有國民黨的槍械？他們從不知道也未見過、重建工程完成不久的大覺寺有這些東西。這些幹部打人當然也是以「無產階級」方式來打到對方滿身是血、仆地不起、甚至沒有呼吸為止。結果有一位出家才兩年，畢業於湖南大學的妙雲法師就被活活地打死了！另外有兩位法名叫「悟雲、體智」的和尚手臂則被打斷，一身血染袈裟，倒地不起。另有幾個和尚從此失蹤，大約被土幹部擄到後山打死埋掉了。

這一次雲門大覺寺受到中共政權統治後第一次對佛教徒

❸ 執事僧：即泛指一些大佛寺裡擔任專職的和尚，例如：知客、副寺、書記等等。

所做的暴力荼毒，史稱「雲門事變」。

像這樣「抄廟、殺人、酷刑……」直搗雲門寺十多天之後，寺中僧侶死傷已有十多人，依然沒有查問出頭緒來，當然，之所以沒有查出頭緒，就是因為對那個一百多歲的老和尚還沒有動重刑的緣故。因此，到三月一日，幹部們就把這個步履踉蹌的老和尚移禁到另一間的小房子裡，將門窗緊閉，不給飲食，不許走動，不准大小便。夜間一盞油燈，猶如地獄。到初三這天，來了十個大漢衝進室內，逼老和尚交出「黃金、銀元和槍械」。

老和尚說：「我們這裡那有這些東西？……」話還沒說完，突然就來一陣木棍、鐵筋，劈頭劈臉亂打一陣，一直打到老和尚滿臉滿身是血、肋骨折斷；這些幹部還一邊打一邊要脅，再不招要打得他命歸地府。其實，要是一個平凡人老早就被打死了！但是一百一十二歲的虛雲老和尚，卻被打得「入定」了。老和尚已知劫難無法逃，便入了「滅受想定」❹，在定中，鐵條、木棍，如雨落在傷勢很重的老和尚身上，老和尚依然以「雙膝盤坐」，閉目接受人間從未發生過的——一群二十多歲壯漢圍毆一百多歲老和尚的無恥暴力！

老和尚閉目不視，閉口不言，心無所思。就像這樣連打四天。最後一天，將他踢倒在地，老和尚彷彿一具僵屍，無聲無臭，土幹部都以為他死了，於是便呼嘯離寺，最後留下兩個看守的人，他們抬眼細看老和尚似乎已無氣息，也揚長

❹ 滅受想定：梵語nirodha—samāpattī，原名滅盡定。即「四禪八定」最後的定。此定入後，眼、耳、鼻、舌、身、意六識已停止活動，受與想均已不生效。如受外力侵犯，亦不感苦痛。

而去。

直到天黑以後，虛老的侍者法雲，一看寺中土幹部全都走了，才從一個角落裡跑出來走到老和尚被禁的屋子裡，將老和尚扶起欹倚在榻上，此時老和尚胸口似有一絲細微氣息顫動，於是法雲又拿一小碗水來灌進老和尚口裡，直待老和尚蘇醒過來。再過了兩天，也就是三月五日，那些幹部們聽說老和尚又活了，再度結夥衝進寺中，當他們一眼看到老和尚猶如往昔結跏趺坐，彷彿入定，火氣更大，「不信打不死你這個老賊！」接著大木棒如雨落在老和尚身上，又把老和尚從榻上拖下來，一大夥暴徒用腳去踢踩老和尚，直踩得老和尚五竅流血，倒在地上。這時那一群無法無天的土共幹，才倖倖然而去！到這一天深夜，侍者法雲再偷偷潛入老和尚的囚室，將老人抱起來，放在榻上，老和尚又端坐如平日。

像這樣到三月初十早晨，老和尚似乎撐不住了。便漸漸地倒下身子，側臥作「涅槃狀」❺。整整一晝夜，沒有聲息，侍者以「燈草心」❻試通老和尚鼻孔，也不見呼吸。他心裡

---

❺ 涅槃狀：「涅槃」為梵語音譯，原文為nirvāṇa，義為「寂滅」。又譯作「泥畔、泥丸」等。即修行佛法之人，到出離生死海了脫煩惱的境界。「涅槃狀」在此間，是指釋迦牟尼臨終時，作右側臥像；這是後世僧家如生命臨終時，通常作此臥像。民國弘一大師於一九四二年十月十三日下午八時臨終亦作此像。

❻ 燈草心：此物在一九四九年以前中國南北民間生活困苦，晚間照明習用油燈，而作為引媒物，有以棉擰成的細繩，放入油盤後點燃以為光；「燈草心」，是另一種細如粗線的木質成品，入油點燃。今天已不見此物。

捉摸，是否老和尚已經圓寂了呢？接著他手一觸老和尚胸口，體溫還在，面色也還算正常。這時在身邊的人，除侍者法雲和尚，又增加一位在榻前守候，到十一日淩晨，老和尚突然發出一陣極低微的呻吟。侍者們則一直靜靜地坐在一傍觀看老和尚一呼一吸，等他們聽到老和尚的呻吟，就快扶著老和尚坐起來；侍者法雲就問：「師父！您好一點了嗎？您挨幹部們毒打成傷，已有十天了。可您老想是入定了？」

老和尚聽後，低緩地回答說：「是嗎？我到兜率天❼去了！我感覺只有幾分鐘啊！」然後虛老又告訴法雲：「你趕快拿筆把我的話記下來——也不可對外人說，免得讓別人以為我胡言亂語！」

「兜率內院，莊嚴瑰麗啊！」老和尚接著莊重地敘述：「不是這個世間能有的景象。我看到彌勒菩薩❽在座上說法，座

---

❼ 兜率天：佛家的「大宇宙觀」分為「三界」，即「欲界、色界、無色界」，共二十八天。眾生的世界，分為「六道」，即「天道、阿修羅道、人道」為三善道；「畜生道、餓鬼道、地獄道」為三惡道，合稱六道。兜率天，為「欲界」六天中的第四天，「兜率」，為梵語Tuṣita的音譯，義為「知足、妙足」。兜率天分「外院、內院」兩重，外院為「天人所居」，內院為彌勒菩薩的淨土，在大乘佛教經典中，如非修「念佛法門」者，如禪宗、天台等禪觀者，寂後均生「兜率天之彌勒淨土」。如欲詳知，請閱《俱舍論》。

❽ 彌勒菩薩：「彌勒」是姓，梵音作Maitreya，義為「慈氏」，他的名字為「阿逸多」（梵音ayita），義為「無能勝」。「彌勒」是佛滅後二至三百年間之南印度人，生於婆羅門教家庭，後在人間為佛子，精於「唯識」，但有關他的神話、傳說乃至經典記載極多，

下有很多聽眾，其中有十多個都是我的老友和先進，他們是『江西海會寺的志善和尚、天台山融鏡老和尚、岐山恒誌和尚、百歲宮寶悟和尚、寶華山聖心和尚、讀體和尚、金山觀心和尚；還有明代紫柏大師。』我都向他們合掌問訊了。他們也指著我、暗示我可以坐到東邊頭排第三個空位。在這次法會上，阿難尊者❾、做維那師❿，跟我靠得很近；但我聽彌勒菩薩講『唯心識定』⓫還沒聽完，彌勒菩薩就指著我說：『你回去！』我就說：『弟子我業重，不想回去了！』彌勒說：『不行，你的業緣還沒有了，一定要回去，以後再來吧！』而彌勒菩薩叮嚀一陣之後，又念一首偈子給我聽，我記得的是這樣的：

識智⓬何分，波水一個；莫昧瓶盆，金無厚薄；

如《彌勒下生經》等。相傳佛滅後五十六億七千萬年，會下生人間成佛。在未成佛之前，住「兜率內院」，為「菩薩身份」。菩薩，為「菩提薩埵」的簡譯，梵語作bodhisattva，義為「覺有情」，即「覺悟了的眾生」，又稱「大士」。

❾ 阿難尊者：阿難，梵語 Ananda，全譯「阿難陀」之簡譯。阿難，是釋迦牟尼同祖父的堂弟，淨飯王之弟、斛飯王之子。與反佛的提婆達多是親兄弟。阿難於二十五歲時隨佛出家，並充任侍者二十五年，直到釋迦入滅。阿難為佛陀十大弟子，「多聞第一」。「尊者」是對道高德劭者之敬稱。

❿ 維那師：即任「維那」的和尚，見前註。

⓫ 唯心識定：「唯心識」，簡稱「唯心」或「唯識」；「定」是「禪定」。意思是經由「觀萬法唯心」而入於定境，稱「唯心識定」。

性量三三⑬，麻繩蝸角；疑成弓影，病惟去惑；
凡身夢宅，幻無所著；知幻即離，離幻即覺；
大覺圓明⑭，鏡鑑森羅；空花凡聖，善惡安樂；
悲願渡生，夢境斯作；劫業當頭，警惕普覺；
苦海慈航，毋生退卻；蓮開泥水，端坐佛陀⑮。……

「以後還有很多句，我就記不清了。另外還有話對我說，現在我不方便說……」

虛雲老和尚被乳源中共地方幹部非法毆打將死時，以「入定」功力解決痛苦，在「定」中彌勒菩薩對他開示的偈語，

---

⑫ 識智：「識」，是指「無明」、「阿賴耶識」或「帶生死種子的如來藏」。眾生在未成佛之前，他的靈性稱為「識」，即俗謂「靈魂」；「智」，是指「般若」、「智慧」，已越過煩惱之洪流，不再受一切無明病毒困擾。換言之，佛菩薩之靈明，稱為「智」。 在高層次言，「識與智」是一母胞胎。

⑬ 性量三三：即「三性」、「三量」。三性，指「善、惡、無善無惡（無記）」三性；三量，指「現量、比量、非量」三量。所謂「量」，指的是「經驗過的事物」；現量，指「當下直接經驗」或「直覺」；比量，指「間接經驗」，可由自己經驗中推知確有某種事物；非量，指「經驗外之事物」或「非經驗」之事物，如「外星人」……等等的能力、形象，均非經驗所知。另有「聖言量」加「現量、比量」亦為「三量」。

⑭ 大覺圓明：大覺，指修行佛道最高的境界，「圓明」是形容詞，指此一境界「圓滿光潔無礙」。

⑮ 佛陀：梵語作Buddha，義為「覺者、自覺覺人、覺境圓滿」。原語應譯作「佛陀耶」，略為「佛陀」，簡稱「佛」。

按現代語義是這樣的：

無明種子⑯與佛智不分家，海浪與海水同是氫與氧；
玻璃瓶與瓦盆用途無二致，黃金成分中外也無輕與重；
善、惡、非善非惡三種心性，
現量、比量、非量⑰三種境界，都是麻搓繩子、蝸牛角世界；
不要自我作踐杯弓與蛇影，人生大病惟一要去諸煩惱；
凡人之軀夢裡入火宅，世事皆幻不必太認真；
如知世相皆幻應離幻，不黏幻像便是世間覺⑱；
佛智圓明光芒遍宇宙，猶如寶鏡能照一切微細物；
空花水月凡聖本同流，消融善惡胸臆自安樂；
如能慈悲發願渡眾生，夢中也會蒙佛來呵護；
如今正是大劫當頭罩，勸你處處小心消宿障；
苦海祇賴慈航為濟度，千萬勿生退轉心與消沉念；
一旦蓮花綻放出污水，自有金身佛陀蓮上坐。

---

⑯ 無明種子：無明，梵語avidya，中譯「阿尾儞」。又稱為「痴」，指「闇鈍無知」之心對一切事理不明，以「自我」為中心，妄斷一切。為「貪瞋痴」「三毒」之一。種子，指「阿賴耶識」(alaya)三種境之一。因為阿賴耶識（也稱第八識，又稱「藏識」），彷佛一切植物的種子，能生一切世間、出世間法的花果。又稱「種子識」。「無明種子」在這裡指「眾生的痴愚性」、迷於事理的劣根。亦指「阿賴耶識」。

⑰ 現量、比量、非量：見前註。

⑱ 世間覺：所謂「佛法在世間，不離世間覺」，即指「已解脫生死煩惱」的佛菩薩。佛雖解脫，但在世間成佛，不離世間。

虛雲老和尚在十天苦難中入「滅盡定」，得離人間浩劫，出定後又記起定中「彌勒菩薩贈給他這麼長的玄妙法語」，而且老和尚又一字無誤地背出來讓弟子法雲筆記傳於後世，恐怕中國佛教史上也是少見的奇蹟。

為什麼老和尚被中共地方幹部施以毒刑時，老和尚以「入定」工夫而不死，我們只有以佛家的「禪定理論」來解釋了。

佛教的高僧如果在禪定上有極深的功力，只要入定，對外界的「感受」與「想像」的反應就會消失了，對外界的苦樂衝擊與肉體的痛、癢，也完全會沒有反應。也就是說，一旦入定，在定中遭遇到歹徒動用任何暴力荼毒，都失去痛苦，如遇喜悅事，也會失去快樂的反應。人在定中，沉浸在「法」的寧靜、寂滅狀況裡，這是「法悅」。只在出定後，身體的痛苦，才會突然爆發，那時便要即時搶救。像明代憨山、紫柏（1543—1603）二位大師也曾受到官方酷刑，以「入定」解決「受想」二種反應，而無痛苦，如同虛雲老和尚一樣，他們是此中的高人。這一場痛苦的劫難，如果放在一個普通人的身上，便很快地死亡了。

* * *

經過十天的酷刑、囚禁、斷絕飲食，地方幹部每天還是派人到寺中偵察、看守。但那些喪盡天良的行凶地方幹部發現老和尚不但沒有死——像妙雲法師那樣被打死，又傳出「入定見彌勒菩薩」的奇事，這些仗勢淩人的惡徒心中也未免半疑半懼，深怕這個案子有一天被上級知道了，會不會同意他們「抄廟殺和尚」的行徑？其中有一個像「領導」⑲樣子的幹部，就問寺中的和尚：「那個老傢伙為什麼打不死?」和尚說:「我們老和尚為眾生受苦來到世間，也是為你們消災消業障，他可是打不死的！這個道理將來你們自然會知道……」這幹部聽後身上起一陣寒顫，便轉身走了。此後寺中便不再見到這群暴徒的影子了。

這件事情已經鬧得太大了。恐怕省裡甚至北京也要知道了。「沒有找到雲門寺私藏的軍械和黃金銀塊」，「罪還是無法定下來」，怎麼辦?那一幫惡幹又怕走漏風聲，所以繼續圍困大覺寺，還是不斷地在寺中到處挖掘抄查。對寺中僧眾依舊不准互相講話、不准出寺一步，飲食大小便全受監視，這樣又過了一個多月，虛雲老和尚受到毒打的皮肉，爆發成滿身瘡傷，病情越來越重。眼睛也看不到任何東西，耳朵也聾了。弟子們深恐老和尚不久於人世，便請他把一生重要的事，慢慢地講出來，作為日後編製「年譜」的參考。

農曆四月中旬，「雲門事變」已漸漸傳到五十公里之外的粵北重鎮韶關（古韶州），首先城內大鑑寺的僧眾以急電通知虛老和尚在北京的「護法」及皈依弟子李濟深、陳銘樞，和海外皈依弟子，像香港的岑學呂、已去美國的李漢魂，期望他們能聯手拯救老和尚的災難。

北京中共政府及國民黨革命委員會主席李濟深一接到這個消息，感覺到原來「解放」後的中國地方幹部，也會做出這種傷天害理的事。於是便由國務院電令廣東省人民政府嚴加查辦。然後再由廣州——省人民政府將命令轉令曲江地區政府再轉乳源縣人民政府，由縣政府下令撤退地方幹部及民

⑲ 領導：指某些政府機構的首長或領導人之簡稱。

兵撤出雲門山大覺寺，於是大覺寺歷時三個月的災難才算解圍，但是地方幹部還是將寺中所有衣物存糧掠奪一空，然後作鳥獸散。

雲門事變中所有受害人及虛雲老和尚的被打骨折死後復活，都一如佛經所說的「業報現前」，白打白死白挨，那些兇手一走了之，他們從此逍遙法外，政府也沒有再追究罪責，遍天烏雲就此雨過天晴。

虛雲老和尚自「出定」以來，傷勢更重，全身不能移動、不進飲食，每天由侍者餵一點茶水，不久，寺中糧食已一絲不剩了。眼看全寺盡成餓莩，老和尚就低沉地向面前僧眾們說：「我虛雲罪業深重，帶累了大家，事到如此，寺中糧食已一粒不剩，各位請各自西東，再求得保個性命，日後為佛法繼續傳承慧命吧！」眾僧一聽老和尚這番悲傷、痛苦的話，都不願離開他老人家逃命。最後經過商量，大家決定到後山砍柴，各人每天挑些木柴，到二十里之外的市集去出售，換取一些米糧來，回寺維持生計。

自此，寺中眾僧天天去後山砍柴賣，再換錢買糧，回寺煮稀粥吃，每日早、午兩餐，但他們每日「早晨功課」與「定時禪坐」卻絕不中輟。

到農曆五月上旬，北京又派了幾個專案人員到廣州會同省府官員於五月二十二日由粵漢鐵路線上的韶關，坐汽車抵達乳源縣政府，二十三日（一九五一年六月二十八日）到雲門寺，實地集合僧眾調查此案來龍去脈。他們都帶有「錄音設備與攝影器材」。當這個調查小組來到寺裡客堂坐定之後，首先問虛雲老和尚「身體怎麼樣」？老和尚此時臥病在床，耳聾目盲，並不知道這些人從那裡來的？等到乳源地方官警也跟在後面，話就不好說了。

調查小組中一位首領大聲問老和尚：「您老曾受過毆打嗎？寺中財物糧秣有損失嗎?」老和尚聽到了，回答說：「沒有沒有。」此時如「從實招來」，日後雲門寺的日子絕不好過。因此虛老和尚的苦水只有自己吞了。當時是沒有法律、沒有人性的時代。

接下來，調查人員各自表明身份，說是北京派來的專案調查小組，希望老和尚實情實說，不必隱瞞。但老和尚心知肚明，只是語帶暗示的說：「請各位切實調查後，回京報告就好。」 最後，這些調查人員又對老和尚安慰一番，再命地方隨行幹部「要查明這件案子的真象，並釋放寺中被拘禁的僧人」。

「雲門事變」從農曆二月二十四日開始，到五月二十三日止，歷時三個整月，苦難才告一段落。

這案子經北京派人調查之後彷佛已水平浪靜了。雲門寺此後便過著農耕、坐禪生活。虛雲老和尚從北京調查人員走後，由夏至冬，都在病榻上度過。寺中僧侶，每日採樵耕作，農閒時以手工業換取衣食，一日不作，一日不食，乳源附近的很多村鎮，聽到雲門已經解圍，從前在國民黨時代就信佛的人，便從各地來探望老和尚，而在北方各地的弟子們，更多方設法，希望這一代禪宗高僧在大難之後，能離開雲門山這一塊受傷害的土地。

虛雲老和尚經過雲門劫難，他為了「中國佛教之存亡」而受苦受難，不接受岑學呂的懇勸留在香港，卻偏要回到洪水泛濫的中國內地，這是他從一九五〇年冬中國大陸易幟之後第一個與大江南北很多出家人紛紛向海外逃亡，逃到香港、臺灣、東南亞各地的僧眾最大的不同處！

他從一九〇四年冬天、六十五歲時到雲南省賓川縣雞足山祝聖寺去重現古剎道風，而後陸續再興了昆明雲棲寺、福州湧泉寺、曲江南華寺、乳源雲門山大覺寺……這歷史上的禪門古剎，到一九五二年一百一十三歲，歷時五十八個年頭，每一座大叢林重建之後，便一衣一鉢，足踏雲水而去，一無牽罣與留戀，將寺務傳與後輩。

雲門寺重建到尾聲，偏偏遭遇到中國政體的大變革，虛老不畏生死，以風燭殘年，希望能為這一片眾生所留連的土地留下一縷佛陀的香火！

十二論*雲居殘照

一九五二年春天，虛雲老和尚的病體已漸漸地復原了。每天領著僧眾在寺中坐禪修道，一面收拾殘局。

但是從農曆正月起到三月間，北京的李濟深和陳銘樞來四次電報催他北上，又要派人來迎接。老和尚把這個消息告訴大家。僧眾一聽老和尚要走了，感覺眼前一陣漆黑無主，心想這一下完了。大家都希望老人家等些日子再決定。但老和尚說：「── 你們知道，我走的時機已到了。我們要考慮的是 ── 不僅是雲門寺的生機，還有全國佛教的生機。如今全國佛門一片凋零，無人出面爭取生存的空間，如果大家不再攜手同心成立一個有力的全國性機構，如再發生事故，就不僅是雲門大覺寺的存亡問題了。我為了佛教存亡關頭而北上，已是義不容辭的事了。請各位寬容吧！如果中國佛教能存在，雲門寺也就沒有危機了！」老和尚說至此，便將寺中事務交由明空和尚代理，就決定北上了。

在臨行前，他又寫下一副感慨的聯句，文曰：

坐閱五帝四朝，不覺滄桑幾度；
受盡九磨十難，了知世事無常。

到這一年農曆四月初四日，偕同侍者佛源、覺民、寬度、法雲四人，及官方護送人員，從乳源起程北上時，當日聞訊而來的鄉民，奔走來寺前相送者有數百人。

虛雲老和尚在雲門奮鬥八年，胼手胝足，一切建築、開荒、髹漆、造像、種植，全是僧眾自己辛勤完成，全山重建了一百八十多椽輝煌的殿堂，弟子佛源有〈虛雲大師在雲門〉❶一文記述這一段艱辛歷程。

虛老離開乳源山區的雲門大覺寺，第一站到達六十公里之外、粵漢鐵路的粵北大站——韶關；韶關的信佛人與虛老的皈依弟子們聽說他要從這裡轉赴北京，便群集城西夾道歡迎者有一千多人。在那一時代，可謂空前盛事。老和尚到了韶關，駐錫在南華寺的下院——大鑑寺，在這裡六天中，天天都有許多不畏人言的佛教徒，來寺中參拜，途為之塞。到四月初十，老和尚偕侍者四人與官方護送人員一行，登粵漢線火車北上，第二天到了湖北武昌，住在市內三佛寺。由於長途坐車顛簸，旅途勞頓，再加上老和尚病體羸弱，乃致被打成傷的創口再度發炎，此時前廣東省主席陳銘樞已由北京趕到在身邊照料並請醫治療。三佛寺大鑫和尚，也盡全力服侍，在這裡住了兩個多月，老和尚的身體總算稍見好轉。接著又應大鑫和尚之請，主持一次「觀音佛七」❷，佛七圓滿，已是初秋季節，便帶病北上。

老和尚於七月二十八日坐車，由京漢路於當晚抵達北京

---

❶ 見臺北天華版《虛雲和尚年譜》頁153—155。

❷ 觀音佛七：指在七天之中以念「南無觀世音菩薩」為修行重心之期限，為「觀音佛七」。

前門火車站，到站迎接的人士，包括北京各大寺院方丈及地方佛教人士，與虛老舊識像「李濟深（1885—1959)、葉恭綽（1881—1958)、周叔迦（1899—1970)」諸國民政府撤退後，留在北京作為「民主黨派」的政治人物，這一大群人將老和尚接出車站，便送到廣化寺去掛單。起初，因聞訊而來拜慰的人太多，又遷到城西廣濟寺（今「中國佛協」會址）駐錫。

老和尚從當年二月起雲門事變到四月下旬解厄，其間也曾透過韶關友人與北京佛界重要人士函電討論中國佛教存亡問題。在未到北京之前，於六月間，已由上海圓明講堂的圓瑛法師與趙樸初居士（今仍任「中國佛協」主席）等，在廣濟寺組織了「中國佛教協會籌備處」，以代替一九五〇年前國民黨時代的「中國佛教會」。 在開「籌備會」時，全國各地有一百多人出席，在會中原本要推舉虛雲老和尚為「會長」，但老和尚以「又老又病」謙辭，大家便推圓瑛法師為「中華人民共和國第一任佛教協會」會長，另推趙樸初、西藏籍的喜饒嘉措二人為副會長；西藏的達賴喇嘛、班禪活佛、漢籍的虛雲和尚、蒙古籍的查幹葛根等四人，則被聘為「名譽會長」。 全部代表，包括「漢、藏、蒙、滿、苗、猺、傣、撒……」各族人士，在「籌備會」中經推出未來「中國佛協」核心人物之後，便決定在一九五三年（民四二）夏天，正式舉行「中國佛協」成立大典。

當時「中國佛協籌備會」是經由「人民政府」核准成立，待「佛協」在廣濟寺正式辦公，便上書「中共國務院」， 請頒布「共同綱領」，規定「人民有宗教信仰的自由」，以及對「佛教寺院的保存、管理辦法」， 當前最重要的措施，是要求政府：

（一）無論何地，皆不得再拆除寺院、毀像焚經；

（二）此後不得再強迫僧尼還俗；

（三）全國寺院地產經政府收歸「公有」後，仍應依僧尼人數配給田畝若干，自耕自食，以維生計。

當時中共政府也應佛協之要求承允了。但而後歷經多次「運動」，直到「文革」，此一政府命令早已成為廢紙。僧尼寺院歷經浩劫，直到一九八〇年後「改革開放」，佛教才又見生機。

虛雲老和尚在北京住到陽曆十月一日（農曆八月十三日），又代表中國佛協，接受「錫蘭（今斯利蘭卡）」代表團長達馬拉塔納法師所贈送的三項禮物。即 (1) 佛陀舍利一粒，(2)貝葉經一冊，(3)菩提樹一株。

這項大典，於十月一日在廣濟寺舉行。而實際參與此項儀程的人士，則是「巨贊（1908—1984)、聖泉、趙樸初」三人。典禮既莊嚴又隆重，觀禮人士有二千多位，其中有些是友邦人士及外地來的佛界信徒。

農曆九月，北京佛教界有意懇請虛雲老和尚接掌當地首剎廣濟寺方丈職務，仍為虛老以「老病堪虞」辭謝。到這一年農曆十月中旬，江浙諸省佛界發起在上海啟建「祝願世界和平大法會」，請老和尚主法。上海方面便推派方子藩居士到北京接駕。老和尚於一九五二年十二月十一日（農曆十月二十五日）乘京滬鐵路火車抵達上海北站，受到百餘位佛教人士獻花迎接時，同聲「念佛」的旅客達一千餘人。

老和尚離開車站之後，便逕往上海名剎玉佛寺掛單，並與滬上佛教界共同決定，建「四十九天息災和平法會」，並自次日：十二月十二日（農曆十月二十六日）啟建。法會除由虛雲老和尚主持之外，另有全國高僧，例如「圓瑛、應慈、持松、妙真、大悲、如山、守培、清定、葦舫」等十大法師，分主內外經壇，至於襄辦法會的法師，有七十二人之多。此一法會直到一九五三年元月二十八日（民國四十二年農曆十二月十四日）結束。這一次「和平法會」，是自一九五〇年國民黨政府撤退之後，中國共產主義專政初期最盛大的一次佛教活動。當時除上海的佛教人士參加，國內「江、浙、皖、贛、湘、鄂」各省都有佛教徒不遠千里而來參與虛雲老和尚主持的盛會，一方面也藉這一因緣來瞻仰一下一百多歲老和尚的聖容。

玉佛寺每天車水馬龍，人潮洶湧，而京滬各地來皈依老和尚為弟子的，達四萬多人。

法會圓滿結束之後，主辦單位總計收入淨資達人民幣六億七千萬元❸，而老和尚分文不取，但交代以大部份資金支助國內四大名山及八大名剎❹、和全國各地大小寺院作為生

---

❸ 在當時法會總計人民幣收入：六億七千萬元，雖不能與一九八〇年到一九九八年之間人民幣對美金之比率「五比一」或「八比一」之值，但也近美金約一百萬元；對一個窮困的中國佛教環境而言，仍是相當大的幫助。

❹ 四大名山及八大名剎：四大名山，指「山西五台、四川峨眉、安徽九華、浙江普陀」四山。八大名剎，史料未見其名，根據佛家史傳判斷，應不外：「洛陽白馬寺、西安大慈恩寺、南京棲霞寺、鎮江金山寺、揚州高旻寺、杭州靈隱寺、寧波天童寺、福州湧泉

活的補助款。老和尚在這四十九天之中，也作了多次演講，講的內容主要在「堅持正法、修習禪道、老實念佛、以戒為師……」等切身之要件。

這一年底，老和尚大半掉落的牙齒，又奇蹟般的重生六顆。

時間越過一九五三年。寒冬過去，老和尚在玉佛寺度過農曆新年，準備離滬另覓枝棲，卻又被上海護法居士簡玉階（1875—1957)、趙樸初、張子廉等人留下來又舉行兩次「禪七」。

第一次禪七從一九五三年二月二十二日(農曆正月初九)到二月二十八日；第二次禪七從三月一日（農曆正月十六日）到三月七日（農曆正月二十二日)，在「禪七」中留下二萬七千字的法語❺，為參加禪七的佛教人士解縛。

玉佛寺的佛事過後，便受到杭州各團體機構的邀請，派人到上海來迎接。因此，於四月二日（農曆二月十九日）去杭州，住西湖淨慈寺；隨後又陸續受到蘇州靈岩山寺、南通狼山廣教寺等地佛教人士邀請說法或打禪七，各地都有上萬人皈依座下。直到四月下旬回上海，隨即接北京電報，催促進京，到北京後仍住廣濟寺。這時中國各地各民族佛教代表已紛紛來京，因「中國佛教協會」已奉准正式成立，成為全國佛教領導機構，會址即設於廣濟寺內。在「正式成立」會議上，有人響應共產主義號召，提出廢除佛教戒律主張，虛

寺、廣州光孝寺、昆明雲棲寺、漢陽歸元寺、河南登封少林寺……」其中八剎。

❺ 虛老「禪七法語」，見臺北天華版《虛雲和尚年譜》頁175—209。

雲老和尚嚴加駁斥，並以〈未法僧徒之衰相〉❻一文記下這次會議中的答詢過程。當成立大會中所有議案經討論後，代表們各自賦歸，虛老便由北京西去山西大同，參遊「雲崗石窟」的佛雕遺跡；接著北京政府當政者傳話，請虛老去江西廬山養病。

於是，到農曆五月中，偕同侍者覺民南行，經武漢，在保通寺主持兩個禪七，再由長江乘船東去廬山。當時在北京的陳銘樞（真如），侍師如父，已先到牯嶺等候，虛老到時，便陪同入住大林寺。

住到六月間，有幾個出家的禪和尚從鄰近的永修縣雲居山來大林寺拜見虛雲老和尚，敘說「抗戰時期日軍佔領江西贛江兩岸諸縣時，因雲居山地形險要，易藏匿游擊隊，便將唐代元和年間所建的古剎——真如寺一把火燒掉。現在只剩一尊『毗盧遮那佛』❼大銅像，兀坐在荒烟漫草之間，無人照顧。」

虛老和尚體念這一座禪宗道容大師❽開山所建的歷史名

❻ 見臺北天華版《虛雲和尚年譜》頁211—216。

❼ 毗盧遮那佛：毗盧遮那，梵語作Vairocana，又譯作「毘盧舍那」……等。佛，梵語Buddha，「毗盧遮那佛」，義為「真身佛」。也是「法身如來」。按一個人成佛，有三種「身」。即「法身」、「報身」、「化身」（或曰「應身」）。二千五百年前出生在印度的瞿曇・喬達摩（即釋迦）是「化身（或應身）」佛、釋迦現莊嚴相、丈八金身、身有後光，為「報身佛」。而「無形無狀、無所不在、偏一切處、清淨圓滿……了知宇宙一切因緣……」為「法身佛」。也即「法身如來」。

剎，歷經千年，其中曾來寺中駐錫與留詩的古人，如「佛印了元、圜悟克勤、大慧宗杲……」等大師曾任方丈，而「趙州從諗、雲門文偃、洞山良价……」也在這裡掛過單，居士如「白居易、皮日休、蘇東坡、黃山谷、秦少游……」都曾來禮佛留詩；而千年名剎凋零至此，如不加以再建，必然會消失於天地之間。老和尚聽他們敘述雲門真如寺這一段悲劇，不勝其欷歔，便當下決定以其餘生之年，「發願重修」。不過，在那個時代，一切以政治第一，重修古寺，也要請中共地方政府批准，接著他偕同侍者數人及從上海來廬山拜候他的祝華平居士乘車南下永修縣，再到城西三十公里的雲居山，於八月十四日（農曆七月初五日），在山間結茅而居。

農曆九月，廣州地區的比丘尼弟子數人聽說老和尚已從北京南下到江西永修縣的雲居山隱居，便不計路程艱辛，找了半個月，才到達雲居山真如寺舊址，找到了老和尚，她們從雲居西麓登山，一路羊腸小徑，為沒膝蔓草所蓋覆，且懸崖峭壁，寸步難行。他們在山中行數小時，盤旋二十多里，始達山西坡的石門，行至此，天地才豁然開朗。入寺，只見

---

❽ 道容大師：「道容」其人，無明確史料可據。江西雲居山真如寺，依禪宗史料記述，為曹洞宗開山道場，由洞山良价（807－869）傳與道膺（－902），真如寺（當時名為「真如禪院」）由道膺所創。惟虛雲老和尚於一九五九年夏所作〈雲居山志重修流通序〉（《年譜》頁351－352）云：「念雲居自唐代元和年開山，為歷代祖師最勝道場，『道容』以後，『道膺』繼之，其後齋禪師、融禪師、老夫舜、佛印了元……皆任住持……」顯見道容為真正開山祖師，而非道膺。虛老據何史料，尚待查考。

遍地斷垣殘壁，荒徑瓦礫。她們在碎石小徑上遇一年輕和尚，問「虛雲老和尚住在那裡?」那小和尚用手向前方一指，只是一小間幾尺高的牛棚狀小草屋，她們快步躬身入內，因為棚內無窗，一時看不到人。稍待片刻，才恍然發現眼前一張木板床上坐一老僧，白髮綹臉，雙腿疊坐，猶如入定。她們的腳步聲，驚動老和尚微張雙目，知道是遠道而來的弟子們，就說：「你們何必這樣辛苦，千里迢迢……」然後叫大家就地而坐，於是幾位比丘尼便各自細說這三年來悲慘境遇。接著老和尚也對她們說：「我初到此地時，只有僧眾四人，看守破廟，我本想跟他們結茅同住，無奈各地衲子❾，聞風而至，一個月不到已來五十多人。我的牛棚外面，只有破屋幾間，你們現在也看到了。你們既然來了，委屈你們住幾天再說吧!」

虛老的牛棚在寺區的西北角，距離大佛像有三百多公尺，虛雲老和尚平日就偏愛獨修，他進一步計劃當中國政治環境遽變的情況下，除了自耕自食，別無他法可想。他已習慣性地在痛苦生涯中為佛教生存掙扎幾十年了。

到農曆十月，各方殘存的僧眾聞訊而來的更多，弄得棲身無榻，食宿兩難。這時上海「南洋煙草公司」創辦人、信佛虔誠的簡玉階居士，雖在中共政府對工商各業嚴格管制、

❾ 衲子：「衲」，為古印度比丘，平日做工、打掃時穿的「糞掃衣」，「衲」作形容詞、「子」是「名詞」，讀輕聲。佛教傳至中國之後，唐代禪宗興起，一般修禪的和尚，雲遊天下，尋師問道，敝衣芒履，稱之「衲子」，又稱「衲僧」；唯歷代延襲，時至今日，凡僧人皆可自謙稱為「貧衲」或「衲子」矣。

公有化之下，得知虛雲老和尚在江西雲居山重建禪宗道場，便不計安危繼續供養建寺資金給老和尚以度過殘冬。此時虛老已命寺僧展開墾荒開田工作，同時也進行寺宇殿堂的復舊工程。

一九五四年初開始，動員了全山一百多位僧眾，分工兩部：一部為「土木工程，負責恢復舊宇」；一部為「墾植耕作、手工技藝」。各展所長，但每天不廢「早晚課誦、參禪拜佛」；年終前仍舊舉行「禪七」。每年春天，虛老和尚會去廣東南華寺傳戒，在雲居山則獨居屋後牛棚。古剎的重建，一切都在無聲無臭中默默完工。這一年總共重建了「法堂」一幢，「僧寮」二十多間，「窰廠、碓坊、溷廁」各一座。這年七月底，南華寺方丈本煥師偕同廣州大平蓮社女弟子比丘尼寬定等七人入山拜謁。

他們走進寺區，見到八尺高的破鐘一口，埋於荒草叢中。到了牛棚，拜見虛老就問：「寺前那口大鐘為什麼放在荒草裡?」

老和尚說：「這口鐘是寺中古物，名為『自鳴鐘』，凡歷代祖師來山，不敲自鳴。當日寇燒山時，鐘樓倒塌，大鐘落地，裂成巨縫。時間已過十年，裂縫可能已經復合了。」於是大家便再度走到大鐘近傍，仔細用手摸撫那條長達兩公尺多長的裂縫，這條裂縫由上而下，彷彿塗上一層橡膠，形成自然修補後復合的痕跡，只有下端還有三十公分長的裂縫沒有合攏。

老和尚又說：「等它黏合到下面邊緣時，我們再把它懸起來，架在鐘樓中間，就可以朝暮長鳴了!」

隨著老和尚又領著這些昔日弟子沿著山區周圍巡視。全山盡是各種「茶樹、麻葛、銀杏……」等生產性的樹木，老和尚指著一棵樹說：「這棵樹，是品種特異的無心白果!」大家就摘了一粒白果掰開，一看，果核裡確實沒有芽狀的心苗。

本煥和尚一行在真如寺住了十天，回廣東去了。這年冬天北京又有多次電報打來，要請老和尚北上說法，但因老病衰頹，推辭沒去。

到一九五五年，虛老已經一百一十六歲耄齡了。他這一生所重建的最後一座古剎，又陸續完成了「香積廚、五觀堂、庫房、客堂、禪堂……」❿等多項工程。這些工程都是寺中僧人親手分工建造的!

這年秋天，又有幾十個外地出家人來到山上。而其中有些人並沒有受過「比丘戒」⓫，還是「沙彌」身⓬。他們期

❿ 香積廚……禪堂：按佛家大叢林殿宇甚多，各有專用名詞，例如「香積廚」，即廚房，以不沾葷腥，故稱「香積」。「五觀堂」，是僧眾的飯廳，因僧眾用餐時，要食存五觀((1)這些食物都來自施主，(2)自忖己身德行可否承擔，(3)食時防止心念放逸，勿起惡念，(4)自省用食猶如服用良葯，以修正法，(5)食此為成道業，而非延壽強身……等五項)，故稱「五觀堂」。今臺灣寺院仍有此規存在。「庫房」，即儲藏糧秣之藏庫。「客堂」，即接待來賓之廳堂。「禪堂」，即專供「參禪打坐」之殿堂，而非大殿或其他堂舍。但一般小型寺院，無「禪堂」，他殿也可作「參禪」用。至於「法堂、戒堂、祖堂、延壽堂、如意寮……」等專用場所仍多，不一細述。

⓫ 比丘戒：專指已出家受過「沙彌戒」的和尚，再受正式比丘戒，

求虛老為他們授戒。在一九五五年前後五至七年，正是中共「反右、反舊、反孔、反宗教運動」最劇烈的時期。和尚要傳戒，與共產主義教條不相容。所以老和尚說：「現在傳戒不甚方便！但是為了本寺僧眾如有未受戒者，也只限於本寺的沙彌身，還要先得向政府報准，再訂時間傳戒，可此事也不得對外宣揚，以免外來人多，造成『住食』困難！」

於是虛老和尚將本寺傳戒期訂在農曆十一月十五日進堂⓭，結果消息又不脛而走，各地湧來的求戒比丘最初有一百多人，到接近開壇傳戒首日，已增加到三百多人。連同本寺受戒的出家人共有五百人要參加這次「戒會」。

就在這次「戒會」前後幾個月間，上海發生了「宗教反動案」。這次事件，是「上海天主教、佛教青年會、金剛道場」等單位因發布「反動」言論，有關人員紛紛被收押入獄。

雲居寺中來了這麼多受戒的外地僧人，有人傳說其中有

始可稱之為「比丘」，或「和尚」。按佛家戒律規定，初出家，已剃頭之男子，稱為「沙彌」、女子稱為「沙彌尼」；比丘戒，通常又稱「具足戒」再加「三聚淨戒」。比丘戒共「二百五十條」，對出家之動靜行止，規定十分嚴密。比丘尼（沙彌尼受過具足戒後，為比丘尼），則為三百四十八戒，較男性比丘戒律更為嚴細。有關戒律專書，請參閱《四分律》、《梵網經》等佛典。

⓬ 沙彌身：沙彌梵語śrāmaṇerā，沙彌尼，梵語為śrāmaṇerikā。沙彌義為「息慈」或「息惡、行慈」。乃初出家、未受比丘戒之男子。沙彌尼為未受比丘尼戒之女子。「身」，指正式成為沙彌而言。

⓭ 進堂：即受戒之人，在傳戒第一日，應住進為受戒之人所設專用的「戒堂」，或指定之專用房舍，稱為「進堂」。

「外道」冒充出家人來受戒……也有人說其中還有反動份子藏匿冒充僧人躲避政府追緝……當謠言四起時，寺方被迫只得依《梵網經》中〈自誓受戒方便〉，只為求戒僧說了十天「十戒、具足戒、三聚淨戒」⓮，比往日三十二天、甚至五十三天傳的戒法，簡化得太多，就這樣勸他們各自回自己的寺院，並依照戒期「自行在佛前受戒」。

雲居山的傳戒困擾，最大的難題，是當時政治形勢的逼迫，中共政府不願這麼多和尚集中在一起「造反」而已！

到這年冬天，寺中住眾已達一千五百人，食宿艱難，且因為「開荒種田」，引起地方的猜忌，於是造成「官民」的產業糾紛，從此磨難叢生。

雖然外來的磨難不斷，虛雲老和尚自這一年五月二日（農曆閏三月十一日）起，在「法堂」內「講經論道」，直到九月三日（農曆七月十七日）。到十月間前後留下了「方便開

⓮ 「十戒、具足戒、三聚淨戒」：按「十戒」，共十條，即「不殺、不盜、不淫、不妄語、不飲酒、不著花鬘好香塗身、不歌舞倡伎不往觀聽、不坐高廣大床、不得非時食、不得捉金銀寶物」，此為「沙彌、沙彌尼」所持之戒。「具足戒」，在比丘（男）為二百五十戒，在比丘尼（女）為三百四十八戒。但其基礎重戒，仍以「不殺、不盜、不淫、不妄」為重心，為「性戒」。其他多為「遮戒」。「三聚淨戒」：一、攝律儀戒、二、攝善法戒、三、攝眾生戒。攝，義為「提攜、保護、庇佑、教導……」多重解釋。這三戒綜釋，就是要「嚴持一切戒律不作惡、實踐一切善行、救護一切眾生」，內容包括一切戒條在內。「聚淨」，義為「聚合一切淨行」。「三聚淨戒」，即指「大乘比丘菩薩戒」。

示與戒期開示」等法語十萬字的講詞⓯。

一九五六年，全年的建築成果，是「大雄寶殿、天王殿、虛懷樓、雲海樓、鐘鼓樓」以及各側殿陸續落成，其規模大致與「鼓山、南華、雲棲」諸寺大同小異，而氣象萬千。寺中住眾，包括僧俗工程人員幾近二千人。

在建寺階段，也從未印製化緣捐冊，經費全靠國內外佛教信徒聞訊自動發心，資金如湧泉而至，將雲門寺恢復舊觀、擴展新貌。其中出龐大資金支援重建雲門的，有虛老香港女弟子、志蓮淨苑的監院寬慧⓰尼師、加拿大僑商詹勵吾居士、上海虔誠佛弟子吳性栽……他們不僅協助重建了雄偉巍峨的大雄寶殿，又拓建了自張公渡到寺門前的登山道路。

因為「傳戒」事已了，寺宇工程也大致將近完成，平時支持寺中工程的外地僧俗人等多已離寺，寺中常住僧尚有二百多人。他們在雲居山周遭開墾水田一百八十畝、旱田七十多畝，每年可收稻穀四萬五千斤、雜糧兩萬六千斤；此外又生產「竹器、竹筍、茶葉、白果……」，都可在附近鄉鎮出售換取寺中生活上的必需品，正因為工程大部完成，殿宇正

⓯ 此文見臺北天華版《虛雲和尚年譜》頁223—332。含〈方便開示〉及〈戒期開示〉。時間自一九五五年五月二日（閏三月十一日）至同年九月三日（農曆七月十七日）。〈戒期開示〉及〈答客問〉則講於同年十一月（農曆十月）間。

⓰ 寬慧：為女性，係香港佛教「志蓮淨苑」監院（即當家師）、何東爵士的親族，1947年由虛老剃度為尼，虛老每次去香港多由此人禮請。另有一男性居士，本名張齡，字劍芬，湖南人。法名亦為「寬慧」，於1949年來臺，約1980年逝世於臺北。

多，可供常住僧的寮舍，可達五百多人。而全山僧眾終日忙碌於「自耕自給」中，如非政治上的虎視眈眈，倒也平安自在。他們在百忙中，連佛家在農曆四月十六日起九十天「閉門結夏安居」、年終的「兩期佛七」，都從未荒廢。至於老和尚「講經說法傳戒」，佛門份內事，就更不中輟。

一九五七年，虛老和尚已經一百一十八歲了。從一九五一年以來，中共中央發起的各種運動，如火如荼，從農村、都市，社會各階層無一人能逃脫浩劫，至於佛教出家人的寺院，自然是唯物主義的大敵，人民的鴉片，從最早的「三反、五反、土法煉鋼、人民公社大鍋飯」，到反右大鬥爭，他們都一一被鬥爭被清算。一九五七年又是「土法煉鋼」的瘋狂期，只要上級聖旨一到，地方被清算的黑五類便鬼哭神號；中國人五千年歷史上沒有遇到這樣的噩夢！

首先，雲門寺這一年面臨的「革命大劫」第一仗是：

「應政府號召全民煉鋼，要獻出全山儲存的木炭六萬斤、全山留用的木柴三十八萬斤、寺中待鑄『鐘、瓦』、用器的鋼鐵材料數千斤。這一來，寺中所有依賴生存的用具物品便傾家蕩產了。

「其次，永修縣人民政府，要求寺僧全體動員，協助山下農民春秋兩季下田種植收割，寺方被逼無路可去，只有將自己墾殖的農場，全部奉獻給人民政府新設立的『農場』管理，寺內日後無一粒存糧可留。

「這等於將雲居山的所有僧眾生存之路切斷了。」

虛雲老和尚，面對數百位僧眾的生活壓力，又受到當時政治上的強大控制，年近一百二十歲的他，有人可憐嗎？他已心勞神瘁，岌岌可危，每天在牛棚內反側呻吟。

一九五八年，反右狂風吹起，全國佛教寺院的出家人，都被捲入這一場死亡的漩渦。中共人民政府命令全國各寺院的住持，都要到漢口去參加「佛教團體講習大會」，去學習反右鬥爭。虛老和尚因為年齡實在太高，又老又病，癱臥病榻，懇求免予出席。但此時虛老昔年重建的名剎，如「曲江南華寺方丈本煥、知客師傳士、雲門大覺寺方丈佛源及重要執事見性、印開等和尚」，在大會中都被打為右派，又指定他們「六親不認」，去鬥爭、清算虛雲老和尚，而這些虔誠佛弟子堅決拒絕中共的暴力威脅，卻也因此幾乎丟掉自己的性命。

這年秋天，由一批被中共地方政府指定的少數和尚，必須向虛雲老和尚提出「清算、鬥爭」的罪狀，其實，這幾個被逼的和尚不跳出來也難過關。因為這是「黨」的政策啊！所以他們就拼湊出老和尚「十大罪狀」。

一、老和尚接受海內外中國人的獻金，數字從未公布，自飽私囊，貪污腐化；

二、老和尚思想反動，堅持佛教戒律，不准僧人還俗，堅持唯心主義，反黨反政府；

三、老和尚聚眾造反，寺中以傳戒、打七方式，經常集千百群眾，傳遞反動思想；

四、老和尚仍以舊時代、唯心、唯神的宗教思想，煽惑人民，反馬列主義，無法改造；

五、老和尚濫傳「戒律」，不但在雲門傳戒，也去廣東、福建寺廟傳戒，藉圖破壞共產主義團結；

六、老和尚於一九五六年在寺說法，引用明代羅殿詩句：「籠雞有食湯鍋近，野鶴無糧天地寬」，來影射、誹謗黨和國家；

七、老和尚倚老賣老，「謊報年齡」，明明不到九十歲，卻妄說一百多歲，自增身價；

八、老和尚對黨、對國家不忠，固守唯心主義地盤，強調佛教第一，極端頑固，遺害人民；

九、老和尚獨居茅屋，或與青年侍者同室，行為不軌，枉為寺中領導，破壞人民政府給他的形象；

十、老和尚在中國佛教僧眾裡，為「右派極端份子」，不知反省，時時有反動言論，遺害佛教……。

中共中央及地方政府對宗教本來就視若蛇蠍，何況虛雲老和尚又為全國各地數百萬佛教徒所景仰、國外華僑信佛者的敬愛，他的影響力之大，此患不除，非共產主義之福。因此，他們處處製造、偽傳許多莫須有的罪狀，加在老和尚的身上，以作為「鬥爭大會」時「圍剿、清算、洗腦、下放、改造……」的藉口。

此時，中國南方許多歷史名剎，尤其是「曲江南華寺、乳源大覺寺、雲居山真如寺」……山門外，到處都貼著「鬥爭虛雲老和尚」的大字報，老和尚了解這種情況之後，但閉目如不見，充耳如未聞。寺中有許多弟子要出面為老人辯白，老和尚不許。因為，這本來就是一場「自編自導」的鬧劇，越辯越糟。兩個月後，在漢口舉行的「僧眾學習大會」已解散，許多擁戴老和尚的僧眾和居士也多被分散到地方還俗或勞改。直到九月，要鬥垮老和尚的傳言逐漸消沉了。後來得知，原來在漢口開會時，因為虛雲老和尚的人格之光遍及海內外的佛教界，中共統戰部門還不敢輕言整掉這麼老、聲譽又這麼大的老和尚；只是會中搜集老和尚的罪狀，送到北京最高黨領導的手中，請求批准之後，轉回江西，便可以將老和尚打下農村、關入真正的牛棚去了。誰知那位「最高領導」閱畢虛雲老和尚的十大罪狀，失笑不已，便批下「虛雲年老無用，撤銷其控訴」幾個字，此後才不了了之。

到農曆九月十五日，不料江西省中共省委統戰部的張建民處長，突然率領一群公安幹部來了，寺中僧眾又為之驚惶萬狀起來。這一批人來雲居山的目的，是繼續搜查老和尚「反動、個人私藏財物的證據」。他們衝到老和尚住的茅棚裡到處翻床倒櫃，又掘地、鑿壁，卻搜不到一點值錢的東西，最後沒有辦法，就將北京政府發給老和尚「撤免控訴」的公函以及多年來珍藏的文稿詩詞法語以及雲門事變時的自白書底稿、重要經書、私人往來函電、寺中出入賬目，全都掠走，後來經寺方多次請求發還，最後還是置之不理。這個社會，本就是沒有法制的社會，一切決定於黨意與政治暴力。沒有理、沒有規範、一切只憑「黨指示」，決定人民的生死與社會的動靜。

老和尚對這種無盡無休的騷擾與誣構，只好於九月十六日上午八時，早齋後集合全寺僧侶，到祖師殿上「表堂」[17]——來說明「張建民搜山」的前因後果。

這一年多來，老和尚被地方幹部整得晨昏顛倒，他深知

---

[17] 表堂：佛門叢林專用語，即寺院有要事，方丈或重要執事，集合全寺僧眾在大殿或法堂「說明一切事件原委」。

全國佛教名山寶剎的出家人，比他也好不了多少。佛教今後何去何從，深為之憂慮。而雲居山的僧眾今後又何去何從，更令他苦惱煩憂，何況衰老之軀，猶如風前殘燭，原本他每天淩晨三時上殿禮佛不要人扶，如今也必須侍者牽扶才能俯身下拜了。他也知道自己來日無多，能活到今天，已屬世間稀有。

有一天他把兩位侍者召到面前，叮嚀道：「自己從出家後，受到佛教僧俗兩界供養，重建各地古剎名山，最後記得在乳源雲門寺外一棵大樹下，還埋過一箱信徒供養的黃金和銀幣三千餘元……這一筆財產本是為廣州光孝寺修建古蹟而募得，如今重建已難成就，但錢是大眾供養的，希望你們兩個稍待數日去永修縣政府報告，請他們派人由你們倆個陪同，帶著我畫的地形位置，去雲門按圖索驥，把那筆金銀掘出來。……」

兩位侍者聽虛老吩咐之後，隔日便遵照師命，去縣府報告此事，再由縣府派出一位姓石的幹部，帶著公文，乘粵漢線火車南下韶關，再由韶關乘車到乳源雲門山，結果一如虛老所示，在寺傍一棵大樹下掘出黃金一箱、銀元兩瓦罐，運回永修，交給縣政府保管，以備日後重修光孝寺之用。

這一措施，顯然是虛老已面臨生命最後的抉擇。如果這筆財富就此長埋於雲門，無人知曉，便石沉大海；如果掘出放在自己的雲居真如寺，一旦為人知，必然會引來一場災難，而送給永修縣政府代管，有案存在，誰也無法動用、誰也無法加罪於雲居山的僧眾。

一九五九年，歲次己亥新春，按干支紀年，虛雲老和尚已一百二十歲伊始，這年正月剛過，國內各佛教團體及皈依弟子紛紛來函或來電，要為他祝壽，虛老仍以「婉辭」推謝。三月，寺門外二百公尺處，開濬「明月湖」及「海會塔」的工程猶未完了，因經費緊湊，工程暫停，直到六月間，加拿大多倫多佛教大士詹勵吾除捐獻港幣一萬元作為大雄寶殿修葺費用，這次再捐港幣五萬元，作為建「海會塔」之用。詹勵吾於海會塔落成之後，並撰〈碑記〉一文，勒石以紀其事。時在一九五九年農曆二月。署名「私淑弟子詹勵吾謹記」。

另外，加拿大詹勵吾夫人汪慎基，於一九五六年春通信皈依虛老座下，她與香港弟子曾寬璧，為虛老高壽已達一百二十，便匯來一筆資金，供寺中造「地藏菩薩」一尊為老和尚壽。這尊像也在款到兩個月後完成，並供於已完工的「鐘樓與海會塔」之間。這也是虛雲老和尚一生中為「菩薩」最後一次造像。

老和尚之老病如此，寺中方丈一職，已於二年前交由監院海燈和尚接任，自己已不問寺務。

三月間，虛老病況日益沉重，但仍舊強撐佛事，但因罹患「消化不良症」，停止了米飯與麵食，早午二餐只用一小杯稀粥。虛老的病況傳到北京，於是江西省人民政府奉北京政府指示指派醫務人員專程來山，為老和尚治療，又被老和尚以「世緣已盡」懇謝。病中，虛老又分函國內外經常捐助的同道、弟子，此後不必再勞心匯款了。請他們各自珍重，修行佛道。

四月中，老和尚又交代寺中請攝影師來山拍攝「全山風景、殿堂、經像、鐘塔、寺前的湖景……」與他獨居六年的草屋、自己的坐像，總共每組三十八幀，分贈給海內外捐助雲居寺重建的信佛人士。

　　虛雲老和尚自知來日已無多，一切都已準備停當，靜待那一天到來。

十三論＊末代傳燈

一九五九年五月間，老和尚的病日益沉重了。有一天，住持海燈和尚偕同寺內重要人員多人，到牛棚來探視。老和尚低聲跟他們說：「── 我們大家有緣，相聚一處；又承諸位發大心，數年之內復興了雲居道場，各位辛勞可感。但我虛雲苦於世緣將盡，不能再為歷代祖師作灑掃庭園的丁僕了；今後只有勞累諸位為法犧牲了。倘我死後，全身請為我穿黃色衣袍，一天後即入龕，就在這牛棚西邊山坡地傍，掘地為化身窯，火化之後，將我骨灰輾成細末，摻以油糖、麵粉，做成丸狀，放入河中，以供水族結緣，如此滿我之願，就感謝不盡了！……」

老和尚向大家交代一番後事，大家都安慰他：「您老的法軀還很好，請勿多慮。您的話弟子們自當遵囑奉行，請您寬心修養吧！」

之後，老和尚說三首偈句開導後學。其中一偈云：

請各法侶，深思熟慮；生死循業，如蠶自縛。

貪念不休，煩惱益苦；欲除此患，布施為首。

淨參三學❶，堅持四念❷；一旦豁然，方知露電。

---

❶ 三學：指修習佛道之「戒、定、慧」三項學門。

悟證真空，萬法一體；無生有生，是波是水。

又過兩個月，已快到一百二十歲的生辰，國內外佛教界道友、弟子們都知道九月一日（農曆七月二十九日）是他的壽誕，在這之前十多天，已有國內佛教徒紛紛到雲居山來為他祝壽、看他的生活狀況。此時虛老也似乎感覺自己精神又振作了起來，他在香港的女弟子寬慧尼師偕同出家女眾「寬航、知立法師及方寬麗居士」四人，在農曆七月二十三日由香港抵達廣州，住華僑大廈，當地太平蓮社寬定尼師到華僑大廈相晤，要求同去雲居山。他們在農曆七月二十五日上午七時由廣州登車，二十六日上午八時抵達江西南昌火車站，再轉乘汽車北上永修縣的雲居山，在下午一時到永修縣城西北三十公里的張公渡，正要步行上山，偏巧遇到雲居山二位僧眾，便陪同他們上山拜見老和尚。在山上過了十天，到農曆八月初六日向老和尚告假，由老和尚派人送他們下山。寬慧師曾於當年九月九日（農曆八月初七日）寫下〈朝雲居山謁師日記〉❸，詳述經過。

老和尚的一百二十歲生辰過去了，到農曆九月初，他的病更加沉重了。在病榻上他交代弟子們，將剛完工的「海會

---

❷ 四念：指「三十七道品」中「四念處」之簡稱。這四念，即「(1)身念處——觀身不淨，(2)受念處——觀受是苦，(3)心念處——觀心無常，(4)法念處——觀法無我」。這四「念」，指的是修行人的反省要項，也是修道的方法。

❸ 〈朝雲居山謁師日記〉一文，見臺北天華版《虛雲和尚年譜》頁354—356。

塔」❹內布置一番，以供「守塔僧」安單❺，早晚為死者誦經念佛。

農曆九月七日，北京忽來電報給老和尚，電文稱：「中國國民黨革命委員會」主席李濟深逝世了。老和尚看後，長嘆一聲：「任潮！你怎麼先走了呢？我也要去了！」此時侍病的和尚聽到老和尚自言自語，驚愕半晌。

其實，老和尚病臥在木板榻上已有四、五天不能起床了。老和尚有時喘息有時打嗝。平時多在昏沉狀態之中，不吃不喝。一位年輕的和尚在一側照顧他，但他偶一睜眼，見身邊有人為他整衣蓋被，就會喃喃地說：「我自己會……不麻煩你了！」

農曆九月十一日中午，老和尚掙扎著低聲命侍者將牛棚內佛龕移走，供到別的僧舍去。侍者和尚感到情況不妙，便急忙奔到寺內方丈室，報告海燈大和尚與寺中的監院（當家師）、以及各堂主、班首❻。到了晚上，這些忙碌的寺方人員，

---

❹ 海會塔：見前註。

❺ 守塔僧安單：「守塔僧」，在中國古代大寺院之「海會塔」多派僧人住入其中，早晚為死者念經念佛，此僧稱為「守塔僧」。「安單」即「安住其中」。「單」本係「紙片寫某僧姓名，貼於床上」，以便到寺中住宿的客位和尚入住，故稱此床為「單位」，床前書法號之木板為「單」。和尚天下雲遊，到某些寺中臨時住幾天，稱為「掛單」、或「安單」。

❻ 堂主、班首：中國古代大寺院中有「禪堂、法堂、念佛堂、戒堂……」等堂的主管人，稱為「堂主」。如果「參禪、念佛、修定、誦經、講法……」指定其中一人負責管理、領隊，稱為「班首」。

才一同到牛棚裡看望老和尚，請老和尚「為佛教多住世幾年」。老和尚一面呻吟、一面低沉地回答：「我的生命已油盡燈殘，不能再拖下去了。請你們派人在大殿為我念佛吧！……」這時大家又請老和尚交代一番最後的大事。老和尚說：「我的身後事，多天前已向大家說了，今天問我最後一刻還要說些什麼？我只有兩句話，請大家注意：『勤修戒定慧，息滅貪嗔痴』吧！」

說到這裡，老和尚喘息片刻，又說：

「正念正心，培養大無畏精神；度人度世！諸位辛苦了，盡早休息吧！」

說到這，天已近子夜，僧眾告辭回寮。

雲居寺地處贛北山區，地勢高聳，時值深秋，寒風淒涼，草木已逐漸凋零。虛雲老和尚牛棚內一燈如豆，侍者已回到自己的寮房睡了。只剩下一個病危的老人孤臥其中，這裡離大雄寶殿及僧眾寮舍很遠，可從這裡還能聽到大殿上的磬聲、念佛聲從夜空中幽幽地傳來。這就是他們為老和尚「往生」而念的最後一課了。

又過了兩天，也就是國曆十月十三日（農曆九月十二日）淩晨四時，這時僧眾都已在破曉鐘聲裡起身了。有兩位侍者走進老和尚的茅棚，一看，老和尚竟然趺坐榻上，身體微傴，惟坐姿一如平日，但雙頷微紅。他們也沒有驚動老人家，便退出門外守候。到中午近十二時，侍者從牛棚小窗外向內看，發現老和尚突然從木榻上走下來，強撐著挪到小桌邊取水自飲，隨著又直立向西，雙手微合，作禮佛狀。這兩個侍者擔

類似今天學校中之「班長或級長」。

心老和尚病得太久，恐怕他跌倒，便推門進屋，扶他就坐。老和尚坐定，又低聲對兩位侍者和尚說：

「我剛在夢中，看到一條牛踏斷了『佛印橋』的石頭，又看到橋下碧水斷流。……」說至此便閉口不語。

到十二時三十分，老和尚又叫二位侍者一同進來，睜開眼看看這兩位年輕的弟子，停了一剎，才說：「你們照顧我好幾年了。你們的辛苦我非常感激。……我過去的事毋需再說了。但近十年來，在這裡含辛茹苦，每天都在危疑震撼中，受盡了毀謗與折磨。這些我都心甘情願。一九五〇年我從香港回到國內，祇想為我們中國保存千百年來的佛祖道場；為寺院綿延我們歷代祖師的戒德清規；為我們出家人保存這一領大衣❼。這一襲大衣，就是我拼命爭取回來的啊！你們大家都是我的入室弟子，是知道這段痛苦歷程的。今後你們頭上只要有一片草頂著青天，只要有人啟請你們到各地講經說法，不管何時何地，都要堅持保住這一襲大衣啊！至於怎樣能將這領大衣永遠地傳遞下去，那只有一個『戒』字！要嚴守佛門的戒律啊！」

老和尚說完這一段話，便合掌向兩個侍者道一聲：「珍重！」

這兩個人含淚走出茅棚，在門外屋簷下守候。

又過一個多小時，到下午一時四十分。室內毫無動靜。侍者再入內察看，老和尚已作「右脅側臥」狀，了無氣息了。其中一名侍者見狀，便飛奔方丈室報告海燈和尚與全寺僧眾，

---

❼ 大衣：即「僧伽梨衣」，見前註。但在此間，意指「袈裟」，象徵佛教的生命。

大家便結夥奔向茅棚，接著便為老和尚誦經念佛，直到農曆九月十八日坐缸封龕為止。

一九五九年十月二十日（農曆九月十九日），老和尚遺蛻，入窯準備火化。海燈和尚為之舉火以後，片刻間，白煙滾滾上升，香氣四溢山林，一個多小時後，火光已息，濃煙已盡，開窯時，細揀骨灰，得五色舍利子❽一百多粒，白色小舍利、晶瑩光澤，不計其數。

到十月二十二日（農曆九月二十一日），寺方將老和尚的骨灰奉安在雲居山新建的「海會塔」中，此後十年間，又將老和尚的舍利子分供於「雲南雞足山祝聖寺、昆明雲棲寺、福州湧泉寺、廣州六榕寺、曲江南華寺、乳源大覺寺……」等地「虛雲和尚紀念堂」裡。一九九〇年，又有臺灣的唯覺和尚到廣東南華寺迎得老和尚的舍利子數粒，供於北海萬里靈泉寺。

這一位中國末代最偉大的禪師遺骨，就此成為中國大江以南七處名剎所珍藏與朝夕仰止的象徵！

佛教史上，自民國以來有四大高僧，依次是：

虛雲和尚（1840—1959），禪宗最後一代宗師。

印光大師（1861—1940），淨土宗第十三世宗師。

---

❽ 舍利子：「舍利」，梵語śarīra，義為「身骨」或「屍骨」。又全譯為「舍利羅」。「舍利子」，指從死者火化後骨灰中撿出之粒狀結晶體。在佛門中，許多人死後都會有「舍利子」。但「全身不壞」者，稱「全身舍利」，如「廣東曲江南華寺六祖慧能大師、憨山大師，臺灣汐止彌勒內院之慈航法師」均是。至於「牙齒、舌頭、心臟」火化不壞，也稱「舍利」，有別於一般的「骨灰」。

太虛大師（1889—1947），當代佛教思想家。

弘一大師（1880—1942），律宗第十一代宗師。

虛雲老和尚住世一百二十年，一生大格局，有四項德徵：

一、一生苦行：三衣一鉢、身無長物、住茅草屋、足跡遍南亞、重建中國六大禪宗叢林，了無罣礙，不愧一代禪門宗師；

二、禪定功深：從揚州高旻寺初破禪關，到終南山入定十五天，曼谷入定七天、「雲門事變」中以「滅盡定」十天，應對酷刑，其禪定工夫，自憨山大師以後，均非泛泛之流可比；

三、嚴護佛戒：他雖為禪宗末代宗師，但一如律宗高僧，嚴持佛戒，並於每年春季傳戒三十二天，時時以「戒」告示後人，以「戒」作為「興廢繼絕、傳承佛教慧命的憑藉」；

四、為教殉身：一九五〇年國內各地出家僧侶，紛紛逃離大陸之際，他毅然從香港返回廣東曲江，不畏地獄之苦，寧為中國佛教一切焚身，為中國佛教作最後一盞明燈。

綜觀一千三百年的中國禪宗史，雖然歷代高僧輩出，一花五葉，而面臨千古劫難之時，又為佛法之存亡，不惜身入火獄，「但願眾生得離苦，不為自己求安樂。」受盡身心磨難，筋斷骨折，不以為苦，亦無悔怨，作歷史護教的典範，虛雲老和尚，應是中國歷代劫灰上走過的第一人！

後記

當代中國宗教學者傅偉勳教授（1934—1996）生前，於一九九一年十二月二十五日，在香港法住學會主辦的「安身立命、國際學術會議」上，與我相晤時，覿面就問我：「哎！陳兄，你還欠我一本書吧?」我聽後一楞，尷尬地說:「是啊！待我慢慢寫！」

原來，我真的欠傅偉勳教授一本書。這本書，就是今天完成的《中國末代禪師》「虛雲和尚」的別傳。我欠書的原因是這樣的。美國天普大學傅偉勳教授與臺灣大學楊惠南教授，於一九九一年初，受到臺北三民書局劉振強董事長之約，主編《現代佛學叢書》一百種，並由楊惠南教授轉告，約我寫「虛雲和尚」傳記，列為叢書之一種。如今傅偉勳教授已踏過生之苦海，越過彼岸，距離他向我要債的那一天，已經七年有半。我依然未還書債，除了內心的疚歉，其中最大的原因，在於中國近代四大高僧的首席和尚——虛雲禪師，已有很多人為之作傳成書，遍流坊間。例如：

一、臺灣蘇郇圃於一九五八年六月編撰的《虛雲和尚十難四十八奇》；

二、香港岑學呂於一九六一年九月編定的《虛雲和尚年譜》；

三、同是岑學呂於一九六一年九月編集的《虛雲和尚法彙》；（一九六八年十二月，臺灣又印行了《法彙》增訂本。）

四、加拿大馮馮於一九八三年寫的《空虛的雲》；

五、北京淨慧法師於一九九〇年十二月編定的《虛雲和尚法彙續集》；

六、臺北法鼓文化於一九九六年出版馬景賢編著的《奇僧虛雲大師的故事》……。

以上這些書，除《年譜》、《法彙》之外，都是鋪陳性的「傳記形式」著作，內容不外「法彙」一書的語體化、故事化，只有早期蘇邨圃的《十難四十八奇》，是先於《法彙》三年、由搜集虛雲老和尚一生有關「奇事」的資料而成的書。馮馮寫的《空虛的雲》則是擴大演繹、鋪陳、渲染而兼有史料式的長篇文學傳記。此後諸多有關虛老的傳記或畫傳，都從這些書中取材、淺化而成，已非創作。

對傅偉勳約我為他主編的《現代佛學叢書》，堅持要我寫「虛雲和尚」通俗傳記，實在為難。因為我在四十多年的研究、撰述歲月裡，從不走前人故轍，拾先賢牙慧，去做一些別人說過千次百次的舊話。

虛雲老和尚一生的聖德，已讓別人寫夠了，即使你有生花之筆，也無法再開創新猷。這一本書，雖然已強勉落筆，但不同於三十多年前寫的《弘一大師傳》。當年雖有林子青寫的《弘一大師年譜》在，但還沒有任何人真正為弘一大師寫一本「文學傳記」。文學傳記的主要功能在於「它以感性、生活、描述」的方式，重演一個人的真容，較之《年譜》更能使一讀此書之人，猶如親炙言笑、長相左右。

這七年來，我為這一本書，輾轉反側，苦思如何突破既有

「文字、常識化」的樊籬？最後，我終於決定以虛雲老和尚在中國佛教史上、前無古人的人格特徵，並借助於既有的史料，突顯其生命光環。使有緣一讀此書之君子能真正地了解，虛雲老和尚所以能成為我們後人心靈中的聖像，成為中國一位偉大的末代禪師，其究極在於他以「烈火焚身」而不懼的剛烈器度而又不失大慈大悲本懷，與乎他之芒鞋遍履千山萬水，重建古剎名山而又一絲無戀的胸襟，因而讓我們永誌難忘。

陳慧劍

一九九八年七月二十一日脫稿於臺北市杜魚庵

現代佛學叢書

為你介紹佛學常識，探討今日佛學的新意義

禪宗六變

顧偉康 著

本書將禪宗史分為達摩禪、東山禪、曹溪禪、南禪、宋元明清禪和當代禪六個階段，系統地描述了這「禪宗六變」的沿革，並力圖從禪宗發展的內在來探索其演化的理由。本書的最大特色，在對禪宗史上大量偽託的故事、著作的考證和「還原」，對禪宗史的追溯和詮釋，更迥異於以往的禪史成說。

禪淨合一流略

顧偉康 著

禪宗和淨土宗，由合而分、由分而合，幾乎可以涵蓋二千年中國佛教史的主流。本書從淨禪兩宗的共同出發點開始，從各自立宗到合流互補，分成六期，一一道來。除了分析其合分、分合的過程和依據外，對禪淨合一史上的重點人物和事件，都有翔實的闡述。

佛教史料學

藍吉富 著

面對難以數計的佛教文獻，一個佛教研究者該如何入門？如何應用？本書是專為佛教研究者所設計的史料學專書，先將各種常見的大藏經作實用性的分析，然後分別論述印度、中國（含西藏）等系佛教文獻的內容及特質；最後以實例說明佛典翻譯、版本、偽經與遺跡等項在佛教研究過程中的重要性。

現代佛學叢書

為你介紹佛學常識，探討今日佛學的新意義

慈悲

中村元 著
江支地 譯

本書以佛教觀念「慈悲」為中心，探討慈悲的歷史發展、行動性格等相關問題。視野廣闊，沒有時空、宗派限制及冗長的個人「說法」，是一部佛學的研究者、佛教徒研究「慈悲」觀念的好書。

佛學新視野

周慶華 著

本書旨在指出「對治現代化」是再度開展佛學研究最有遠景的取向。書中各章，有的直接表露用佛教對治現代化可以最見力道，有的先強化佛教本身的「功能」而間接導向對治現代化的道路，充分顯示作者對佛教未來發展的期望，而總題為「佛學新視野」。

道教與佛教

蕭登福 著

本書於道教對佛教的各種影響均加以論述：在哲理方面，如道教太極圖被唐代的宗密拿來解釋佛教唯識學、清代的行策用來說明禪宗的曹洞宗，甚至唐代禪宗的明心見性、頓悟成佛等，也都與老莊的思想有關；在儀軌及習俗方面，道教的符印、星斗崇拜、安宅、葬埋等，也都曾對佛經有所影響，常被佛經所襲用。

現代佛學叢書

為你介紹佛學常識，探討今日佛學的新意義

宋儒與佛教

蔣義斌 著

本書由山林佛教的建立，討論宋儒在山林間講學、建立書院的現象；從佛教與宋儒賦予蓮花、芭蕉的意含，說明宋儒受到佛教影響，而又不同於佛教的複雜情況；並比較佛教的「大雄」、「大丈夫」與二程的「豪雄觀」，展現儒佛理想人格的差異，呈現出宋儒與佛教對話的「錯綜複雜」關係。

唐代詩歌與禪學

蕭麗華 著

本書選取中國文學精華代表的唐詩，配合禪宗發展的歷史，分析詩歌與禪學交互作用下的唐代文學面貌。全書以詩禪交涉為主要路線，以重要禪法及重要詩人如王維、白居易等為觀察重點，並分別突顯唐詩在禪學影響下的多層側影，特別是宴坐文化、維摩信仰、宦隱朝隱觀念及以禪入詩、以詩示禪或以禪喻詩等問題。

禪與美國文學

陳元音 著

美國文學中有禪嗎？美國有禪文學嗎？本書提供了嶄新且有學術根據的答案，所涉獵的作家有愛默生、梭羅、惠特曼、霍桑、梅爾維爾、馬克吐溫、海明威，以及近代禪文學作家如史耐德、與沙林傑等人。採「以觀釋經」觀照實相之法解讀美國文學與禪學之間的因緣，是本書絕無僅有的特色，相當值得一讀。

現代佛學叢書

為你介紹佛學常識，探討今日佛學的新意義

學佛自在

林世敏 著

佛學的卷帙浩繁，理論深奧，初學者常只能徘徊在佛學門外，不能一窺它的富麗。本書從佛學的觀點，活用佛學的內容，試圖提出一條用佛學來做人處世、來品嚐生活、來揭示生命意義的方法。其文筆輕鬆，禪意盎然，深入淺出，最適合一般社會大眾閱讀。

濟公和尚

賴永海 著

濟公的傳奇事跡，早已廣為流傳並為世人所熟知，但以往有關濟公的作品，多側重於描述其「酒中乾坤」、「瘋顛濟眾」的一面，未能揭示出其中所蘊涵的禪學思想。本書不但對濟公富傳奇色彩的一生及其禪學思想，進行了生動的描述和深入的剖析，更揭示了濟公在其「顛僧」背後所蘊涵的深刻禪意。

達摩廓然

郗家駿 著

本書係解析禪宗公案之書，每篇先以白話簡譯逕行導入禪公案的心靈世界，繼而對於公案人物的對話，作前後有序、首尾一貫的解說，更希望能讓讀者全盤了解。解說內容除了釋、儒、道的理念，也引用密宗及武術的概念。所使用的文字有高深的經論，也有俚語、俗語，甚至英語，以求容易了解，為本書最大特色！

現代佛學叢書

為你介紹佛學常識，探討今日佛學的新意義

佛性思想

釋恆清 著

佛性（如來藏）思想由印度流傳至中國，經過千餘年發展，對中國佛教有深遠的影響，如天台宗、華嚴宗、禪宗等都是建立在佛性的思想上。本書包括印度佛教中有關佛性思想之經論研究、《大乘起信論》的心性說探討、初唐性宗和相宗關於「一性」、「五性」的爭辯，最後則從天台宗主張草木有性談到現代深層生態學，以論證佛性說可為現代生態學的哲理基礎。

天台性具思想

陳英善 著

本書是唐宋天台學的專著，扣緊著性具思想來論述，以「具」來凸顯唐宋天台學的特色；亦以「具」來顯示宋山家山外論爭之所在；更以「具」來呈現山家徒子徒孫對其師祖知禮思想的反省；同時也點出了天台智者的「緣起中道實相」思想至唐宋時已轉變為「性具」思想。書中對唐宋天台宗重要人物之思想皆有詳備的論述，尤其注重彼此思想間的關連性來探索問題。

中國華嚴思想史

木村清孝 著
李 惠 英譯

本書是深入淺出的華嚴研究之入門書，由思想史的觀點，來探討《華嚴經》在中國的傳播，內容包括華嚴經類的翻譯與研究，思想史的變遷及最新資料的介紹。作者並在文中詳加區分「華嚴思想」和「華嚴教學」的不同，並進一步探討兩者在中國的流變，此為全書最大特色。

現代佛學叢書

為你介紹佛學常識，探討今日佛學的新意義

淨土概論

釋慧嚴 著

本書分教理、教史兩篇：上篇教理是根據般若系統的經論及淨土三經，介紹淨土的原義、淨土與極樂世界等方面；下篇教史則循繹彌陀淨土教在中國流傳的經緯，說明它是在漢族文化土壤上衍生出的信仰。行文深入淺出，必有助於讀者對淨土宗思想的認識與了解。

佛學與當代自然觀

李日章 著

本書以當代物理學與哲學印證佛學對世界的一貫看法，如「緣起性空」、「萬法唯識」、「諸行無常」等等。而懷德海與羅素的論述，則可視為佛學在宇宙論與認識論上的同調。兩人的論述除了與佛學互相發明，更可彌補其不足。

中國末代禪師

陳慧劍 著

虛雲老和尚向被中國佛教界尊為「民國四大高僧」的首座。他雖非鳩摩羅什、玄奘三藏因譯經、取經為中國佛教綻出繁花碩果，也非道生、達摩能為中國佛教思想建立一片新天地；但他在中國佛教的末法時代肩負興滅繼絕的大任，堪稱出乎其類、拔乎其萃的佛家巨擘，絕非一般僧侶差可比擬！